La résistance française contre l'occupation nazie

Un modèle pour la résistance palestinienne

Équipe Rapports et Analyses du GEW

Global East-West/La voix de la Méditerranée

Contents

« Quoi qu'il arrive, la flamme de la résistance française ne doit pas s'éteindre et ne s'éteindra pas.» **Appel de Charles de Gaulle du 18 juin.**

« La liberté, c'est ce que vous faites avec ce qu'on vous a fait. » **Jean-Paul Sartre.**

« Je porte en moi les fléaux de tous ceux qui luttent pour la liberté. » **Albert Camus.**

« La tyrannie n'a pas triomphé ; L'ennemi qui essaie de nous conquérir de l'extérieur n'a pas réussi à nous priver de notre alliance intime avec l'univers. » **Antoine de Saint-Exupéry.**

A PROPOS DE CETTE COLLECTION : RÉSISTANCES

Dans cette collection de livres captivants et stimulants intitulée « Résistances », produite par GEW Reports & Analyses, nous embarquons pour un voyage immersif à travers la riche tapisserie de l'histoire, dévoilant les récits héroïques des mouvements qui ont fermement résisté aux vagues d'oppression, de colonisation et d'exploitation. Au-delà d'un simple récit historique, cette collection est un hommage à l'esprit de résistance indéfectible qui se répercute à travers le monde – des rues animées d'Afrique du Nord et du Moyen-Orient aux coins les plus reculés où les idéologies bouddhistes et marxistes se sont entremêlées à la quête d'émancipation.

Chaque volume de cette collection est une exploration dédiée d'une nation distincte : la Tunisie, l'Algérie, le Maroc, l'Égypte, le Soudan, la Syrie, l'Irak, le Liban, mais aussi les États-Unis (lutte pour les droits civiques), la Chine (100 ans d'humiliation), l'Afrique du Sud (apartheid), le Vietnam, l'Indochine, l'Inde, entre autres, plongeant profondément dans leurs luttes distinctives contre un antagoniste commun – l'Occident impérialiste. Le récit transcende les conflits ; il offre un voyage éclairant sur la façon dont des idéologies telles que l'islam, le marxisme et le bouddhisme ont agi comme catalyseurs et philosophies directrices pour ces mouvements remarquables.

Le cœur de cette collection réside dans la lutte persistante en Palestine, dans un contexte historique et géopolitique plus large. La résistance palestinienne contre l'occupation israélienne, dépeinte ici comme une extension de l'impérialisme occidental, est présentée avec une perspicacité et une perspective profondes, remettant en question les récits conventionnels. Cette collection confronte sans crainte la dissonance entre les idéaux de démocratie et de droits de l'homme professés par l'Occident et ses actions, souvent en contradiction avec ces principes.

« Résistances » a un double objectif. Tout d'abord, elle sert de phare éducatif, éclairant les jeunes générations sur les histoires fréquemment tacites de personnes vivant sous le joug de la colonisation et leur quête incessante de liberté. Deuxièmement, elle cherche à mettre en lumière les injustices perpétrées par les puissances occidentales, en proposant un examen critique de leur soutien à des politiques expansionnistes et oppressives, tout en catégorisant ceux qui résistent comme des « terroristes », alors que le droit international reconnaît le droit de résister à l'occupation.

Le Hamas et d'autres organisations palestiniennes qui résistent à l'occupation militaire sont-elles des organisations « terroristes » ? Non, ce n'est pas le cas. L'Assemblée générale des Nations Unies (AGNU) a explicitement affirmé le droit des Palestiniens à résister à l'occupation militaire israélienne, *y compris par la lutte armée*. Ce droit a été énoncé dans le contexte du droit à l'autodétermination de tous les peuples sous domination étrangère et coloniale. Voici quelques-unes des résolutions les plus pertinentes de l'ONU à ce sujet :

La résolution 3314 (1974) de l'Assemblée générale des Nations Unies a affirmé le droit à l'autodétermination, à la liberté et à l'indépendance de tous les « peuples soumis à des régimes coloniaux et racistes ou à d'autres formes de domination étrangère ». Elle énonce « le droit de ces peuples de lutter à cette fin, de rechercher et d'obtenir de l'aide ».[1]

La résolution 37/43 (1982) de l'Assemblée générale des Nations Unies a réaffirmé le « droit inaliénable » du peuple palestinien « et de tous les peuples sous domination étrangère et coloniale » à l'autodétermination. Elle réaffirme également la légitimité de « la lutte des peuples pour [...] la libération de la domination coloniale et étrangère et de l'occupation étrangère par tous les moyens disponibles, y compris la lutte armée.[2]

Des principes similaires ont été répétés dans de nombreuses autres résolutions de l'Assemblée générale des Nations Unies. Bien que les résolutions de l'Assemblée générale des Nations Unies ne soient pas juridiquement contraignantes, elles « reflètent fidèlement l'opinion juridique internationale habituelle de la majorité des États souverains du monde ».[3]

En droit international, le droit de résistance est étroitement lié au principe de l'autodétermination. Il est largement reconnu que le droit à l'autodétermination naît dans les situations de domination coloniale, d'occupation étrangère et de régimes racistes qui privent une partie même la population de la participation politique. Tout cela s'applique à l'occupation israélienne de la Palestine.

Par exemple, le droit international légitime les tentatives palestiniennes de résister à l'oppression israélienne. [4] La Charte internationale des droits de l'homme enseigne aussi implicitement le droit de résister à l'oppression. Le préambule de la Déclaration universelle des droits de l'homme stipule qu'il est essentiel que les droits de l'homme soient protégés par l'État de droit afin d'empêcher les individus de recourir à la rébellion contre la tyrannie et l'oppression.[5]

Les mouvements anticoloniaux, forme de résistance contre la domination coloniale, ont joué un rôle déterminant dans la lutte pour l'autodétermination dans les pays colonisés (Tunisie, Algérie, Égypte, Soudan, Chine, Vietnam, etc.) Ces mouvements portaient souvent sur le monde dont les nations décolonisées allaient hériter collectivement.[6]

Le droit de résister à l'oppression et à la colonisation est un droit humain fondamental reconnu par le droit international et les instruments relatifs aux droits de l'homme. Rien ne pourrait changer ce fait, même si les États-Unis et l'Europe, toujours accrochés à leurs vieilles traditions impérialistes, se dressent seuls sur la planète contre le droit de résister jusqu'à la fin des temps.

Cette collection témoigne de l'esprit humain indomptable et de la quête inébranlable de la liberté et de la justice. Il s'agit d'ouvrages savants, méticuleusement documentés et présentés. Pourtant, c'est aussi des récits qui parlent à l'âme, servant de rappel des valeurs universelles de liberté et de dignité. En tant que rédacteur en chef et éditeur, j'ai l'honneur de présenter cette collection « Résistances », fermement convaincu qu'elle inspirera nos lecteurs, les encourageant à voir l'histoire et les événements contemporains à travers le prisme d'une compréhension nuancée et d'empathie.

Nous vous invitons chaleureusement à vous lancer dans cet extraordinaire voyage à travers « Résistances », où vous découvrirez les histoires jusqu'ici inédites de courage, de résilience et de poursuite incessante de la justice qui ont profondément façonné notre monde.

Hichem Karoui

Directeur de recherche, rédacteur-en-chef et éditeur de la collection « Résistances ».

Londres, novembre 2023- Quillan, Février 2024.

Notes et références

1. Résolution 3314 de l'Assemblée générale des Nations Unies, « Définition de l'agression », 14 décembre 1974.

2. Résolution 37/43 de l'Assemblée générale des Nations

Unies, « Importance de la réalisation universelle du droit des peuples à disposer d'eux-mêmes et de l'octroi rapide de l'indépendance aux pays et aux peuples coloniaux pour la garantie et le respect effectifs des droits de l'homme », 3 décembre 1982.

3. John Sigler, « Palestine : Résistance armée légitime contre terrorisme », *Electronic Intifada,* 17 mai 2004.

4. Werleman, Cj. « Le droit international garantit aux Palestiniens le droit de résister. » Le droit international garantit aux Palestiniens le droit de résister, 28 mai 2018. https://www.trtworld.com/opinion/international-law-guarantees-palestinians-the-right-to-resist-17810.

5. Organisation des Nations unies. « Déclaration universelle des droits de l'homme | Nations Unies », s. d. https://www.un.org/en/about-us/universal-declaration-of-human-rights.

6. Elam, J. Daniel. Global South Studies, U.Va. « Anticolonialism », s.d. https://globalsouthstudies.as.virginia.edu/key-concepts/anticolonialism.

PRÉFACE

Le modèle français de résistance inspire les Palestiniens

Bien que beaucoup de gens en France et en Occident, aveuglés par la propagande pro-sioniste, considèrent le « Hamas » (acronyme arabe du Mouvement de la résistance islamique palestinienne) comme une organisation terroriste, la vérité est que le Hamas et d'autres mouvements de résistance nationaux, y compris les réseaux français pendant l'occupation nazie, ont également été qualifiés de « terroristes » par leurs ennemis. Bien que le présent livre ne traite pas de la question palestinienne, il montrera aux lecteurs que la résistance française luttant contre une puissance envahissante a fait exactement ce que certains dirigeants politiques français reprochent aux nationalistes palestiniens, en oubliant le fait qu'il n'y a pas de différences entre les mouvements de résistance qui font toujours le même choix de lutte armée jusqu'à la libération.

La résistance française contre l'occupation nazie : un modèle pour les mouvements de libération mondiaux

La Résistance française contre l'occupation nazie est un témoignage remarquable du courage, de la résilience et de l'esprit inébranlable de la détermination humaine face à l'adversité écrasante. Alors que nous entamons notre voyage à travers le volume 2 de « Résistances », nous plongeons dans le récit d'une époque qui a non seulement façonné le destin d'une nation, mais qui a également fait écho à travers les continents, inspirant d'autres mouvements de libération, y compris la Résistance palestinienne contre l'occupation israélienne, quelles que soient leurs tendances politiques (c'est-à-dire le Hamas et le Jihad islamique inclus). Il est important de rappeler que la Résistance française contre les nazis, dirigée par le général de Gaulle, n'excluait pas les communistes et les socialistes français, qui constituaient une partie essentielle du noyau du réseau. Certains des plus grands intellectuels français, tels qu'Aragon, R. Char, Eluard, Prévert, Sartre, de Beauvoir, Malraux, Camus et bien d'autres, ont célébré ce fait. En d'autres termes, personne n'a été qualifié d'« extrémiste » et aucune idéologie n'a été jugée inadaptée à la cause, car il n'y a rien de plus important que l'unité face à un ennemi commun qui occupe le pays.

L'importance de la Résistance française

Dans les annales de l'histoire, la Résistance française occupe une place charnière, symbolisant la volonté collective d'une nation de résister à l'oppression, de défendre la liberté et de protéger l'essence même de la dignité humaine. Il fournit un compte-rendu convaincant de l'héroïsme individuel et de l'effort collectif dans la poursuite de la liberté et de la justice.

Les racines de la Résistance française

Avant les jours terribles de l'occupation nazie, la France se délectait de sa richesse culturelle, de sa ferveur intellectuelle et de son esprit vibrant, une essence qui constituerait le fondement de la résistance future. Cependant, l'ascension rapide et imposante des forces nazies a éclipsé cette effervescence, jetant une ombre de peur et d'oppression sur la nation.

Chiffres clés et mouvements

Au cœur de la Résistance se tenait Charles de Gaulle, dont l'engagement et la vision inébranlables se sont fondus dans la formation de la France libre, servant de porte-flambeau de l'espoir et de l'unité pour ceux qui aspirent à la libération. Parallèlement à l'impulsion du général de Gaulle, l'émergence du maquis et de divers mouvements de guérilla alimente encore les flammes de la résistance, frappant les fondements mêmes de l'occupation.

Réseaux et opérations souterraines

L'espionnage, la communication secrète et les actes de sabotage devinrent l'arsenal de la Résistance française, menant une campagne implacable contre les occupants. Leurs activités clandestines ont perturbé l'ennemi et semé les graines de la camaraderie et de la détermination inébranlable du public.

Impact et influence

L'impact de la Résistance française a transcendé les frontières géographiques, servant de modèle à d'autres nations occupées et à des mouvements de libération dans le monde entier. Son empreinte indélébile sur la scène internationale est devenue une source d'inspiration et un témoignage de la force de l'unité et de la défiance, surtout pour les pays que la France a occupés depuis le XIXe siècle : Tunisie, Algérie, Maroc, etc.

Comparaison avec d'autres mouvements

La résonance de la Résistance française fait écho à la lutte d'innombrables autres mouvements de libération, notamment la Résistance palestinienne contre l'occupation israélienne, établissant des parallèles dans la poursuite de la souveraineté, de l'autodétermination et de l'esprit inflexible contre les forces oppressives.

Défis et sacrifices

Le chemin de la résistance a été semé d'embûches, et ceux qui ont osé défier l'occupation ont dû faire face à des risques indicibles, endurant la double agonie du sacrifice personnel et témoins de la souffrance de leurs compatriotes. La vie quotidienne sous l'occupation témoignait de leur esprit intact, de leur courage et de leur résilience.

Les femmes dans la résistance

Les femmes françaises ont joué un rôle indomptable dans la Résistance, tout comme les femmes palestiniennes d'aujourd'hui, défiant les normes sociétales et contribuant de manière significative à la cause. Leurs contributions et leurs sacrifices inestimables sont trop souvent passés inaperçus, et pourtant, ils sont restés des piliers de force et de détermination, façonnant le cours de l'histoire.

Résistance intellectuelle et culturelle

Dans une poignante démonstration de défi, la Résistance s'est appuyée sur la littérature, l'art et la presse clandestine pour entretenir la flamme de l'espoir. Ils ont défié les oppresseurs par l'expression intellectuelle et culturelle, inspirant les masses à tenir ferme contre la tyrannie.

Alliés et collaboration

La collaboration stratégique avec les forces alliées et la coordination avec d'autres mouvements de résistance ont assuré la position de la Résistance française en tant que force pivot contre la tyrannie, tout en soulignant le pouvoir de la solidarité et de l'unité face à un ennemi commun.

Ramifications de l'après-guerre

Les lendemains de la guerre ont donné naissance à un paysage marqué par de profonds changements, alors que la nation entamait le difficile voyage de réintégration, de reconstruction et de remodelage de son tissu politique et sociétal, ouvrant la voie à des transformations durables.

Controverses et réconciliation

L'après-guerre a également été marquée par l'ambiguïté morale et de profondes controverses, exigeant une prise de conscience du passé et la confrontation de la collaboration, un processus ardu, mais nécessaire dans la poursuite d'une justice et d'une réconciliation durables.

Célébrer l'héritage

À travers des mémoriaux, des commémorations et la préservation d'histoires, l'héritage de la Résistance se perpétue, servant de rappel poignant de l'esprit inflexible et de la volonté indomptable de ceux qui se sont opposés à l'oppression.

Perception et compréhension de l'avenir

Alors que les pages de l'histoire se sont tournées, les leçons de la Résistance française restent pertinentes, servant de phare d'éducation et de sensibilisation, offrant des perspectives intemporelles pour un monde aux prises avec ses défis et ses oppressions.

Hichem Karoui

INTRODUCTION : LA FRANCE SOUS L'OCCUPATION NAZIE

L'arrivée des forces nazies en France pendant la Seconde Guerre mondiale a marqué une période sombre et tumultueuse de l'histoire de la nation. De 1940 à 1944, le peuple français a enduré les difficultés et l'oppression imposées par l'occupation allemande. Cette période a mis à l'épreuve la résilience, le courage et la force morale d'individus et de communautés qui se sont retrouvés pris dans l'emprise d'un régime brutal.

La chute de la France en 1940 a été un coup dévastateur, car les forces allemandes ont rapidement submergé les défenses françaises. Le gouvernement, dirigé par le maréchal Philippe Pétain, signe un armistice avec l'Allemagne, abandonnant de fait le contrôle d'une grande partie de la France. Avec l'instauration du régime de Vichy, qui collabore avec l'occupant, le pays est divisé en deux zones distinctes : la zone occupée, directement sous contrôle allemand, et la zone non occupée, où le gouvernement de Vichy exerce une autorité nominale.

La vie sous l'occupation nazie était marquée par la peur et l'incertitude.

Les Allemands ont mis en place une série de contrôles stricts, supprimant la liberté d'expression, imposant des couvre-feux et instituant un système de surveillance qui imprégnait tous les aspects de la vie quotidienne. Les citoyens français sont constamment surveillés, la Gestapo et ses collaborateurs traquant sans relâche les membres présumés de la Résistance.

Tout acte de défiance ou de résistance comportait le risque de représailles brutales. Les forces d'occupation répondaient souvent aux activités de résistance par des exécutions massives, des meurtres en représailles et des actes de terreur généralisés pour semer la peur dans le cœur de la population française. Le tristement célèbre massacre d'Oradour-sur-Glane, où un village entier a été détruit et où 642 civils ont été assassinés en représailles aux activités de la Résistance, est un exemple effrayant de la brutalité de l'occupant. Une culture de la peur et de l'intimidation a prévalu, ce qui rend d'autant plus remarquable le fait que des individus aient choisi de s'opposer aux occupants malgré les graves risques encourus.

Les difficultés économiques et la pénurie ont encore aggravé les défis auxquels les Français étaient confrontés. Les autorités allemandes détournent des ressources pour soutenir leur effort de guerre, laissant la population française aux prises avec des pénuries alimentaires et un rationnement. Les nécessités de base sont devenues un luxe, et la lutte pour la survie est devenue une réalité quotidienne pour beaucoup. Le marché noir a prospéré alors que les gens cherchaient à obtenir des biens essentiels par des moyens illicites, tandis que d'autres comptaient sur la générosité de personnes qui risquaient leur propre sécurité pour fournir de l'aide.

De plus, l'enrôlement forcé des travailleurs français dans les industries allemandes a déchiré les familles et alourdi le fardeau de ceux qui restaient au pays. Le « STO » (Service du Travail Obligatoire) oblige environ 600 000 jeunes Français à travailler dans les usines allemandes ou sur le front de l'Est. Ces personnes ont été confrontées à des conditions difficiles, subissant souvent des traitements brutaux et de l'exploitation. La séparation d'avec leur famille a aggravé leur angoisse et a poussé certains à chercher du réconfort dans des actes de résistance.

Cependant, au milieu de ce paysage morne, un esprit de résistance a commencé à émerger. Dès les premiers jours de l'occupation, des individus et des groupes ont formé des réseaux clandestins dans le but de saper le régime nazi et d'œuvrer à la libération de la France. Ces réseaux, connus collectivement sous le nom de Résistance française, se livraient à des actes de sabotage, de collecte de renseignements et de diffusion d'informations clandestines.

La Résistance était un mouvement diversifié et décentralisé, uni par une volonté commune de lutter contre l'occupant. Il était composé d'individus de divers milieux politiques, classes sociales et régions de France. Certains étaient motivés par un profond sentiment de patriotisme et le désir de reconquérir la souveraineté française, tandis que d'autres s'enrôlaient en réaction aux mesures oppressives imposées par l'occupant. Au sein de la Résistance, de multiples factions idéologiques coexistaient, avec des groupes communistes, socialistes et libéraux collaborant sur des objectifs communs malgré leurs visions à long terme différentes de la France d'après-guerre.

La vie dans la Résistance était périlleuse et exigeante, exigeant un immense courage et un engagement indéfectible pour la cause. Opérant dans l'ombre, la Résistance s'adapte et improvise pour surmonter les défis posés par les autorités allemandes. Ils ont établi des canaux de communication secrets, utilisant des codes et des chiffrements pour relayer des informations vitales sans être détectés. La presse clandestine et les radios clandestines sont créées pour contrer la propagande nazie et fournir à la population française des sources alternatives d'information et d'espoir.

Des actes de sabotage ont été perpétrés pour perturber les lignes d'approvisionnement allemandes, entraver les opérations militaires et éroder le contrôle des occupants. Des ponts et des voies ferrées ont été sabotés, des installations militaires ont été prises pour cible et des membres clés du personnel ont été assassinés. Ces actes ont non seulement infligé des dommages matériels aux occupants, mais ont également servi de puissants symboles de défiance, montrant que l'occupation ne resterait pas sans contestation.

La Résistance n'a pas été exempte de débats, de défis et de dilemmes internes. La diversité du mouvement a conduit à des stratégies et des aspirations différentes. Certains privilégiaient les actes de résistance manifestes, tels que les soulèvements armés, tandis que d'autres préconisaient des moyens plus subtils, tels que la collecte de renseignements et la diffusion de propagande antinazie. Ces points de vue divergents conduisaient souvent à des tensions et des conflits au sein du mouvement, mais l'objectif commun de libération a uni la Résistance dans sa lutte contre l'occupant nazi.

Si l'occupation nazie de la France a été caractérisée par la répression et la collaboration, elle a par ailleurs révélé la force et la résilience remarquables du peuple français. D'innombrables actes de bravoure et de sacrifice ont eu lieu, alors que des personnes risquaient leur vie pour en sauver d'autres, protéger des groupes vulnérables et maintenir un sentiment d'identité nationale. Les contributions des femmes dans la Résistance ont été particulièrement importantes, car elles ont joué un rôle crucial en tant que coursières, collectrices de renseignements et combattantes. Leurs efforts ont remis en question les normes sociétales et démontré que la lutte pour la liberté ne connaît pas de frontières entre les sexes.

Au fil du temps, la Résistance a pris de l'ampleur et a étendu ses activités. Il s'est développé en un réseau bien organisé de cellules, chacune ayant ses propres tâches et responsabilités spécialisées. Certains se sont concentrés sur la collecte de renseignements et leur transmission aux Alliés, tandis que d'autres se sont spécialisés dans le sabotage, contribuant à perturber les opérations militaires allemandes et à entraver leurs efforts de guerre. Aidée par des citoyens français compatissants qui lui ont fourni des refuges, des ressources et des informations, la Résistance est devenue une force clandestine avec laquelle il fallait compter.

Malgré tous leurs efforts, la Résistance a dû faire face à des dangers constants et à un sentiment de vulnérabilité omniprésent. La poursuite incessante des membres de la Résistance par la Gestapo a entraîné de fréquentes arrestations, tortures et emprisonnements. De nombreux combattants de la Résistance ont connu une fin tragique aux mains de leurs ravisseurs, leur sacrifice devenant un autre témoignage de la profondeur des efforts que certains étaient prêts à faire pour résister à l'oppression.

Ce livre se penche sur les histoires inédites de la Résistance française, mettant en lumière les individus courageux et leurs efforts extraordinaires pour résister et finalement contribuer à la libération de la France. En examinant leurs luttes, les dilemmes auxquels ils ont été confrontés et l'impact qu'ils ont eu, nous acquérons une compréhension plus profonde de l'esprit humain face à l'adversité et de l'héritage durable de résistance pour les générations futures. Par leurs sacrifices et leurs actes de défi, les hommes et les femmes de la Résistance française se sont battus pour préserver l'honneur et la liberté de leur nation et ont laissé une marque indélébile dans l'histoire.

Références de recherche et de lectures complémentaires :

1. « Marianne enchaînée : la vie quotidienne au cœur de la France pendant l'occupation allemande » par Robert Gildea, publié par Macmillan en 2002.

2. « Vichy France : Old Guard and New Order, 1940-1944 » par Robert O. Paxton, publié à l'origine par Alfred A. Knopf en 1972.

3. « Le chagrin et la pitié » de Marcel Ophüls est un film documentaire sorti en 1969. Bien qu'il ne s'agisse pas d'un livre, il a eu un impact scientifique considérable en tant que source.

4. « Occupation : le calvaire de la France 1940-1944 » par Ian Ousby, publié par St. Martin's Press en 1997.

5. « La France de Vichy et les Juifs » par Michael R. Marrus et Robert O. Paxton, publié à l'origine par Basic Books en 1981.

6. « Choices in Vichy France: The French Under Nazi Occupation » par John F. Sweets, publié par Oxford University Press en 1986.

7. « L'information scientifique dans la France occupée, 1940-1944 » par PS Richards, explore l'impact de l'occupation nazie sur la recherche scientifique en France. https://www.jstor.org/stable/4308716

8. « Le Paris nazi : l'histoire d'une occupation, 1940-1944 » fournit une analyse approfondie de la domination de l'Allemagne nazie en France, en mettant l'accent sur Paris en tant que centre de l'occupation. https://www.jstor.org/stable/j.ctt9qcvnx

LES GERMES DE LA RÉSISTANCE

Conditions et mouvements d'avant-guerre

Afin de mieux comprendre les origines du mouvement de résistance français durant la Deuxième Guerre mondiale, il est essentiel de considérer les événements pré-guerres ainsi que les changements politiques qui ont fondé l'opposition à l'occupation nazie. Comme de nombreuses autres nations à l'époque, la France était marquée par l'instabilité politique, les difficultés économiques et les perturbations sociales, qui contribuaient à la formation de groupes de résistance.

La France a dû faire face à de nombreux défis tout au long des années 1930, qui ont profondément affecté sa société et alimenté le mécontentement à l'égard du gouvernement. La Grande Dépression a eu un impact important sur le pays, entraînant un taux élevé de chômage et une pauvreté généralisée. Au fur et à mesure que les disparités économiques se creusaient, les divisions politiques se développaient également. La montée des groupes fascistes et d'extrême droite, tels que la Croix de Feu et l'Action française, constituait une menace préoccupante pour la paix et les principes démocratiques.

Fondée par le colonel François de la Rocque, la Croix de Feu a suscité l'intérêt des éléments conservateurs de la société française ainsi que des vétérans malheureux de la Première Guerre mondiale. Ses membres ont adopté une idéologie nationaliste, valorisé les valeurs traditionnelles et soutenu un gouvernement central fort. Charles Maurras était à la tête de l'Action française, une mouvance nationaliste extrême qui louait la monarchie et mettait en avant la grandeur culturelle de la France.

D'un autre côté, les initiatives politiques de gauche ont gagné en popularité dans le but de lutter contre les disparités sociales et économiques. En particulier, la popularité et l'adhésion du Parti communiste français (PCF) ont augmenté, attirant l'intérêt des travailleurs et des intellectuels qui cherchaient un changement radical. Le Parti communiste français (PCF) était à l'avant-garde de la révolution prolétarienne et encourageait activement l'établissement d'un front unique contre le fascisme. Néanmoins, ces divisions politiques ont également entraîné des conflits internes dans le mouvement de résistance, car les rivalités entre les factions ont souvent surpassé l'objectif commun de lutter contre l'occupation nazie.

D'importantes réformes sociales, telles que la semaine de travail de 40 heures et les congés payés, ont été introduites par le gouvernement du Front populaire en 1936, qui a été soutenu par une coalition de partis de gauche. Ces mesures étaient destinées à calmer les travailleurs et à réduire l'attraction des mouvements extrémistes. Cependant, leur mise en œuvre a rencontré une forte opposition de la part des membres conservateurs de la société, qui étaient préoccupés par l'influence croissante du communisme et du socialisme.

La résistance française a été influencée par la guerre civile espagnole (1936-1939). Des factions de gauche soutenaient les forces républicaines, tandis que les États fascistes soutenaient les nationalistes du général Franco. Le conflit a servi de champ de bataille pour les idéologies. En Espagne, un grand nombre de volontaires français se joignent aux Brigades internationales pour combattre le fascisme, créant des liens et gagnant une expérience précieuse qui sera essentielle dans la lutte contre les nazis.

Les intellectuels et les artistes français sont attirés par la guerre civile espagnole. Ils sont profondément intéressés par le mouvement républicain, qu'ils considèrent comme une lutte contre l'oppression et la montée du totalitarisme. Les artistes comme Pablo Picasso, Max Ernst et André Malraux s'engagent politiquement et mettent en œuvre leurs compétences pour condamner le fascisme et informer le grand public du conflit espagnol. Leurs expériences en Espagne et leur rencontre avec les réfugiés espagnols qui fuient vers la France ont renforcé leur détermination à lutter contre le régime nazi.

Le début de la Seconde Guerre mondiale en 1939 n'a fait qu'aggraver la situation politique en France. L'invasion rapide de l'Allemagne en 1940 an entraîné la chute de la France et la formation du régime de Vichy, qui était dirigé par le maréchal Philippe Pétain. Malgré l'acceptation par certains habitants français de ce nouvel ordre, d'autres résistent rapidement.

Les graines de la résistance ont germé face à l'indignation partagée et à la détermination à revendiquer leurs libertés, émergeant de divers mouvements politiques d'avant-guerre, y compris des groupes communistes, socialistes et anarchistes. Le noyau des mouvements de résistance était composé des restes des forces républicaines de la guerre civile espagnole et des responsables militaires qui ont refusé de se rendre à l'Allemagne. Des intellectuels, des étudiants, des syndicats et des citoyens ordinaires qui ont refusé d'accepter l'occupation les ont rapidement rejoints.

Ces premiers groupes de résistance agissaient de manière clandestine, convoquaient des réunions secrètes, diffusaient de la littérature subversive et propageaient de la propagande antinazie. Ils avaient pour but de préserver l'espoir dans une population qui avait été détruite par la défaite et de poser les bases pour des actions de résistance futures. Les intellectuels ont joué un rôle important dans la création de liens entre des groupes disparates et la diffusion d'informations critiques. Par exemple, Jean-Paul Sartre, un célèbre écrivain et philosophe, a utilisé sa position influente et ses compétences littéraires pour dénoncer les politiques de Vichy et nazies, inspirant d'autres à résister.

Outre les motivations politiques, les convictions personnelles et un profond sentiment de nationalité ont joué un rôle important dans l'intensification des efforts de résistance. Beaucoup considéraient l'occupation allemande comme une menace directe pour l'identité, la culture et la souveraineté françaises et étaient prêts à risquer leur vie pour protéger leur pays. La poésie et la littérature sont devenues des outils de résistance, offrant des expressions d'unité et de défi. Les écrits de personnalités telles que Paul Éluard, Louis Aragon et Robert Desnos incluaient fréquemment des messages cryptés qui révèlent les actes de résistance, permettant ainsi à leurs paroles d'atteindre un public plus large tout en étant protégés de la censure nazie.

Il est devenu évident que les Français n'étaient pas prêts à tolérer la domination nazie sans se battre, malgré les circonstances et les mouvements d'avant-guerre qui préparaient la résistance. L'indignation partagée et la détermination d'une nation refusant de se soumettre à la tyrannie avaient semé les graines de la résistance. Ces premiers réseaux seront à l'origine d'un mouvement robuste et résistant qui mettra en lumière la chute du régime nazi et contribuera à la libération potentielle de la France.

Le développement du mouvement de résistance a continué à être influencé par les luttes et les divisions au sein du paysage politique d'avant-guerre. Après le pacte Molotov-Ribbentrop entre l'Allemagne nazie et l'Union soviétique, le Parti communiste français a changé de position pour ne pas promouvoir la résistance immédiate. Le parti a causé la confusion et la désillusion parmi ses membres en déclarant que la guerre était « impérialiste » plutôt qu'antifasciste. Ce changement a provoqué des tensions et des divisions au sein du mouvement de résistance le plus important, car les membres communistes ont eu du mal à concilier le changement de position du parti avec leur désir de lutter contre l'occupation nazie.

En outre, sous la direction de Pétain, la France sous le régime de Vichy cherchait à préserver l'apparence de souveraineté française tout en travaillant avec l'Allemagne nazie. En France, cependant, de nombreuses personnes ont vu à travers le visage du régime de Vichy et l'ont considéré comme un gouvernement trompeur qui a servi les intérêts des occupants. La coopération manifeste de certains dirigeants français a contribué à renforcer la volonté de s'opposer.

Les efforts de résistance ne se limitaient pas aux cercles politiques et intellectuels ; les activités de résistance ont également été largement mobilisées par les syndicats. La CGT, qui est historiquement associée au Parti communiste français, organise les grèves et les actes de sabotage, entravant la machine de guerre allemande et limitant leurs activités en France. En outre, des organisations syndicales plus petites, telles que la CNT, qui était plus engagée dans l'anarchisme, ont continué à mener leurs activités dans la résistance.

Les communautés religieuses ont également contribué au mouvement de résistance. Les leaders catholiques et protestants dénoncent l'idéologie nazie et travaillent avec les résistants. L'Église catholique, par exemple, a été activement impliquée dans la fourniture d'abri et d'assistance aux personnes juives ciblées par les nazis. Certains prêtres catholiques et pasteurs protestants ont même pris le risque de leur vie pour protéger clandestinement des familles juives.

La résistance s'est développée grâce aux conditions et aux mouvements de l'avant-guerre en France. Les différences profondes causées par les idéologies politiques et les problèmes économiques ont incité des personnes de différents milieux à se regrouper pour lutter contre l'occupation nazie. Ces individus ont formé les premiers réseaux de résistance, utilisant des méthodes clandestines pour organiser et mener des actes de défiance contre les nazis et leurs collaborateurs, qu'ils soient motivés par des convictions politiques, des convictions personnelles ou un profond sentiment de patriotisme.

Dès le début, le mouvement de résistance a été confronté à des défis considérables. Les forces d'occupation allemandes étaient extrêmement bien organisées et impitoyables pour anéantir toute opposition. La propagande et la surveillance nazies rendaient difficile de travailler ou de communiquer secrètement sans risquer d'être arrêté ou exécuté. De plus, le régime de Vichy a collaboré activement avec les nazis, utilisant ses forces de police pour traquer les opposants et réprimer toute résistance.

Néanmoins, les germes de la résistance ont persisté malgré ces difficultés. Les réseaux clandestins se sont développés et devenus plus complexes, avec des membres spécialisés dans divers domaines tels que la collecte de renseignements, le sabotage et l'organisation d'itinéraires d'évacuation pour les soldats alliés et les pilotes abattus. De plus, la résistance an établi des liens avec le SOE britannique, qui a fourni de l'entraînement, des armes et un soutien aux combattants de la résistance.

En mai 1943, le Conseil national de la Résistance (CNR) a été fondé, étant l'un des premiers événements de résistance les plus marquants. Le CNR rassemble plusieurs groupes de résistance pour lutter pour la libération de la France et la mise en place d'un gouvernement démocratique. Le CNR, sous la direction de figures importantes telles que Jean Moulin et Pierre Brossolette, a servi de centre de coordination et a facilité la communication et la coopération entre les divers réseaux de résistance. Il a également joué un rôle clé dans la formulation d'une vision pour la France d'après-guerre, avec son programme appelant à des réformes sociales et économiques pour remédier aux injustices du passé et construire une société plus équitable.

Cependant, il y avait des conflits et des tensions internes dans le mouvement de résistance. Comme indiqué précédemment, la division au sein du Parti communiste français an entraîné des divisions significatives dans le mouvement de résistance dans son ensemble. Alors que diverses factions et groupes se disputaient l'influence et le contrôle, ces différences idéologiques ont souvent entraîné des rivalités et des compromis qui ont entravé la coopération.

Cependant, au fur et à mesure que la guerre progresse, la résistance persiste et se renforce. Les actes de résistance armée, de collecte de renseignements et de sabotage sont devenus plus courants et plus audacieux. Lors de l'invasion du jour J en juin 1944, les combattants de la résistance ont saboté les lignes d'approvisionnement allemandes et perturbé les réseaux de communication, fournissant une aide vitale aux forces alliées. Après la libération de Paris, ils ont également été essentiels pour soutenir l'avancement des troupes alliées.

La résistance a consenti à de nombreux sacrifices. Des milliers de combattants ont été capturés, soumis à la torture et finalement exécutés par les nazis. De nombreuses autres ont perdu la vie en raison de sabotages, de résistance armée ou de représailles nazies. Les membres de la résistance capturés et qui ont survécu à la guerre ont souvent été confrontés aux conséquences dévastatrices de leurs actes, dont beaucoup ont été emprisonnés ou ont subi des traumatismes physiques et psychologiques durables.

L'héritage du mouvement de résistance témoigne de la force de l'action collective et du refus d'accepter l'oppression. Il souligne la capacité de l'esprit humain à résister et la bravoure de ceux qui ont pris toutes les risques pour défendre leur pays, leur démocratie et leurs citoyens. Les conditions et les mouvements tumultueux de l'avant-guerre ont semé les germes de la résistance, qui ont germé en une force puissante et redoutable qui a joué un rôle crucial dans la libération finale de la France.

Références de recherche et de lectures complémentaires :

Voici quelques-uns des principaux travaux universitaires qui se concentrent sur les germes de la résistance française et sur les conditions et les mouvements d'avant-guerre en France :

1. « La Résistance française » d'Olivier Wieviorka, publié par

Harvard University Press en 2016 (édition originale française en 2013), fournit un examen complet de la nature et des origines de la Résistance en France.

2. « Combattants dans l'ombre : une nouvelle histoire de la résistance française » de Robert Gildea, publié par Faber & Faber en 2015, offre un large portrait des mouvements de résistance disparates.

3. « La France et la guerre civile espagnole : représentations culturelles de la guerre d'à côté, 1936-1945 » de Martin Hurcombe, publié par Ashgate en 2011, traite du climat intellectuel et politique de la France avant la Seconde Guerre mondiale et de l'impact de la guerre civile espagnole.

4. « Le communisme français à l'ère de Staline : la quête de l'unité et de l'intégration, 1945-1962 » d'Irwin M. Wall, publié par Greenwood Press en 1983, analyse la position du Parti communiste français, qui a été cruciale pendant la période de résistance et d'avant-guerre.

5. « La Résistance : le combat français contre les nazis » de Matthew Cobb, publié par Simon & Schuster en 2009. Cette œuvre rend compte des contributions et des luttes de ceux qui ont lutté contre l'occupation nazie.

Ces œuvres offrent une compréhension approfondie des circonstances, du contexte politique et des événements qui se sont déroulés en France avant et pendant la Seconde Guerre mondiale, qui ont donné naissance à la Résistance. Certains articles sont également intéressants pour le chercheur ou l'étudiant qui souhaite aller plus loin:

1. « Nationalisme, collaboration et résistance : la France sous l'occupation nazie » : Cet article explore le nationalisme, la collaboration et la résistance pendant l'occupation allemande de la France : https://direct.mit.edu/isec/article/43/2/117/12207/Nati

onalism-Collaboration-and-Resistance-France

2. « L'expérience civile dans la France occupée allemande, 1940 … » : Cette source comprend une citation pour « Quelques sources sur le mouvement de résistance en France pendant l'occupation nazie », publiée dans The Journal of Modern History en 1946 : https://digitalcommons.conncoll.edu/cgi/viewcontent.cgi?article=1005&context=histhp

4. « Quelques sources sur le mouvement de résistance en France… » : Cet article, écrit par FL Hadsel en 1946, mentionne les dossiers de l'armistice allemand comme des documents importants sur les conditions de vie en France pendant l'occupation nazie : https://www.jstor.org/stable/1876308

L'APPEL AUX ARMES

Formation de réseaux de résistance français

Un appel aux armes a résonné dans tout le pays pendant les heures les plus sombres de l'occupation française par les forces nazies. Le peuple français a répondu à cet appel en créant divers réseaux de résistance pour lutter contre les oppresseurs.

La formation de ces réseaux a été un défi. La présence nazie avait envahi toutes les facettes de la société française, empêchant toute forme de rebellion. Cependant, le formidable défi d'organiser des efforts de résistance a été confronté à des individus courageux de tous horizons.

Les mouvements clandestins préexistants qui avaient déjà été actifs avant l'occupation ont joué un rôle important dans la création de réseaux de résistance. Certains mouvements, tels que les partis politiques, les syndicats et les groupes d'étudiants, ont longtemps plaidé pour la justice sociale et la lutte contre le fascisme. De nombreux membres de ces organisations ont rapidement compris que la résistance aux nazis était une nécessité urgente, et ils ont modifié leurs organisations et réseaux actuels pour servir la cause de la libération.

Il y avait une organisation secrète appelée Francs-Tireurs et Partisans (FTP) au sein du Parti communiste français (PCF). Les FTP ont joué un rôle important dans l'organisation d'actes de sabotage et ont servi de puissante force clandestine, même si le PCF hésitait d'abord à s'engager ouvertement dans la résistance armée. En se cachant sous le couvert de la guérilla, leurs membres ont perturbé efficacement les opérations ennemies en ciblant les installations militaires allemandes, les lignes de chemin de fer et les réseaux de communication.

Le mouvement socialiste en France a également joué un rôle dans les actions de résistance. Le but de l'organisation appelée Libération-Sud, créée dans la nouvelle Zone de combat, était de lutter contre l'occupation fasciste à l'aide de la militaire. Libération-Sud, sous la direction d'Emmanuel d'Astier de La Vigerie, participe à des opérations de sabotage, propage de la propagande anti-allemande et encourage l'évasion de détenus politiques. Libération-Sud est devenue l'un des réseaux de résistance les plus importants de France en mettant l'accent sur le secret et la sécurité.

Le Front national (FN), également appelé Front national, était un autre réseau important qui an émergé à cette époque. Le FN, sous la direction de leaders comme le colonel Rémy, vise à rassembler les diverses organisations de résistance sous une seule bannière, encourageant la coopération et la cohésion face à un ennemi commun. Leurs buts comprenaient à la fois une résistance militaire et une action politique, dans le but de poser les bases d'une France libre et démocratique après la libération.

Le réseau de l'Alliance a été largement influencé par Max Hymans, un ancien politicien et fonctionnaire. Plusieurs groupes de résistance ont été connectés par le réseau de l'Alliance et ont souligné l'importance de la collecte et de l'analyse des renseignements. Leurs informations et leurs rapports ont permis à la résistance de garder une longueur d'avance sur l'ennemi en facilitant la prise de décisions stratégiques.

La résistance a utilisé des réseaux de renseignement pour réussir. Ces réseaux servaient non seulement à recueillir des informations sur les mouvements et les activités des troupes allemandes, mais servaient également à diffuser des instructions, coordonner les actions et identifier des collaborateurs potentiels. La collecte de renseignements était une tâche risquée qui nécessitait des agents qualifiés capables de se fondre dans leur environnement pour éviter la détection. L'espionnage est devenu un jeu dangereux où les opposants risquent leur vie pour obtenir des informations cruciales qui pourraient sauver d'innombrables autres.

La création de réseaux de résistance nécessitait une étroite coordination, souvent en secret et sous la menace constante d'être découvert. Des groupes de personnes ont été créés pour mener des opérations secrètes. Ces cellules ont été créées pour réduire les risques en divisant les informations et en réduisant l'impact potentiel de la capture ou de la trahison d'un seul membre. Le réseau était protégé contre l'infiltration car les personnes à l'intérieur des cellules n'étaient souvent connus que de quelques personnes de confiance.

Pour permettre aux différentes cellules et aux réseaux de résistance de communiquer efficacement, des codes et des chiffrements complexes ont été créés. Les techniques de cryptage permettaient aux membres de communiquer en toute discrétion, en échangeant des données importantes sans craindre d'être interceptées par les nazis. Certains membres de la résistance maîtrisaient l'art de créer leurs propres codes ou de travailler avec des codes déjà existants, en utilisant tout, des objets du quotidien aux œuvres littéraires, comme source d'inspiration pour leur communication secrète.

De plus, des connexions ont été créées entre les différents réseaux afin de faciliter l'échange de données et de ressources. Ces liens ont joué un rôle important dans la transmission de l'information et l'établissement de la confiance entre les différents groupes de résistance. Divers réseaux se sont connectés en établissant des liens personnels et en partageant les risques, créant une force de résistance plus large et plus effrayante.

Les personnes de diverses origines ont participé à l'appel aux armes, qui s'est propagé au-delà des limites conventionnelles. Pour lutter contre l'occupation, des intellectuels, des artistes, des paysans, des ouvriers et même des membres du clergé se sont regroupés. Les femmes ont également défié les normes de genre et participé à diverses tâches, telles que la collecte de renseignements, le sabotage et le soutien aux combattants de la résistance blessés. Des femmes telles que Simone Ségouin (Nicole Minet), qui a été audacieuse dans son jeune âge et a participé à de nombreuses campagnes victorieuses, sont devenues des exemples inspirants de la résistance féminine.

Les réseaux de résistance étaient constamment menacés par les collaborateurs et les infiltrés nazis. Le régime de Vichy a fondé l'organisation paramilitaire connue sous le nom de Milice, qui collabore activement avec les nazis et cible les membres de la résistance. Ils ont tenté de démanteler et de détruire les réseaux de résistance en utilisant des actes de terrorisme, d'intimidation et d'interrogatoires impitoyables. Les combattants de la résistance étaient toujours menacés d'être capturés, torturés et déportés dans des camps de concentration.

Au fur et à mesure que les réseaux de résistance se développaient et s'organisaient, ils ont commencé à effectuer des actes de sabotage contre l'armée allemande. Les chemins de fer, les usines de munitions et les lignes de communication ont été perturbées. Non seulement ces actes ont causé des dommages matériels aux occupants, mais ils ont également eu un impact psychologique significatif, renforçant la moralité du peuple français et sapant l'autorité des nazis.

Certains résistants ont finalement décidé de rejoindre les forces alliées sur d'autres fronts. Ces personnes courageuses ont traversé les frontières ennemies, souvent au péril de leur vie, pour fournir des renseignements, participer à la guérilla ou se joindre à des unités militaires régulières. Parce qu'ils ont apporté une richesse de connaissances et d'expérience de leur implication dans la résistance, leur contribution a été inestimable.

Il a été difficile de créer des groupes de résistance en France. Certains étaient soumis aux pressions de l'intimidation nazie ou cherchaient un gain personnel, ce qui entraînait la collaboration et la trahison. Le risque d'infiltration par des espions nazis ajoutait à la menace, ce qui obligeait les groupes de résistance à être constamment attentifs. Bien qu'ils soient confrontés à ces risques, les résistants ont persisté avec une grande confiance en leur cause et en leur capacité à surmonter les obstacles.

La résistance française a finalement réussi à réussir lorsque les forces alliées, appuyées par leurs renseignements et leur soutien, ont commencé l'invasion le jour J en juin 1944. La résistance a joué un rôle important dans l'aide à l'invasion, en facilitant les manœuvres stratégiques clés et en sécurisant les têtes de pont. Leurs contributions remarquables ont permis une libération rapide de la France, marquant un tournant dans la guerre et marquant la fin du régime nazi.

La création des groupes de résistance en France démontre la détermination inébranlable des êtres humains à défendre la liberté. Cela nous rappelle que les gens ordinaires ont un potentiel extraordinaire pour s'opposer à la tyrannie, défendre leurs valeurs et façonner l'histoire même dans les moments les plus sombres. Les générations futures seront toujours inspirées par le courage et la détermination des combattants de la résistance, qui représentent la victoire de la résilience sur l'oppression et la force durable de la cohésion et de l'action collective.

Références de recherche et de lectures complémentaires :

Parmi les travaux universitaires les plus notables qui examinent l'appel aux armes et la formation des réseaux de résistance française pendant l'occupation nazie, citons :

1. « La Résistance : la lutte française contre les nazis » de Matthew Cobb, publié par Simon & Schuster en 2009, qui donne un compte rendu détaillé des origines et des opérations de la Résistance française.

2. « L'Armée des ombres : l'histoire de la Résistance française » de Joseph Kessel, initialement publié en 1943 et réédité plus tard par Gallimard en 2011 (en français sous le titre « L'Armée des ombres »), est un récit contemporain d'un membre de la Résistance, mais a été traité sérieusement par les chercheurs en raison de son point de vue de première main.

3. « Sisters in the Resistance : How Women Fighted to Free France, 1940-1945 » de Margaret Collins Weitz, publié par Wiley en 1995, est centré sur le rôle des femmes dans la Résistance française.

4. « Une histoire de la Résistance française » de Gérard Chauvy, publié aux Editions Perrin en 2019 (en français sous le titre « Histoire de la Résistance »), propose une exploration complète des divers mouvements et figures de la Résistance.

5. « Guerriers improbables : les Britanniques dans la guerre civile espagnole et la lutte contre le fascisme » de Richard Baxell, publié par Aurum Press en 2012, qui, tout en se concentrant sur la Grande-Bretagne et l'Espagne, met en lumière les sentiments antifascistes d'avant-guerre qui ont nourri la Résistance française.

Ces ouvrages donnent un aperçu de la mobilisation et de l'organisation de la résistance, ainsi que des différents groupes et individus qui ont participé à sa formation et à ses activités.

Vivre sous l'occupation

Peur et collusion

Alors que l'occupation nazie resserrait son emprise sur la France, la population civile s'est retrouvée plongée dans un monde de peur, d'incertitude et de choix périlleux. L'occupation a créé un climat d'oppression, de surveillance et de collaboration qui a imprégné tous les aspects de la vie quotidienne. Dans ce chapitre, nous nous penchons sur les expériences de citoyens français ordinaires alors qu'ils faisaient face aux défis de la vie sous occupation.

La peur est devenue une compagne omniprésente pour le peuple français pendant les jours sombres de l'occupation nazie. Les tactiques brutales employées par les forces allemandes ont instillé un profond sentiment d'effroi alors que la population vivait sous la menace constante de la violence et de la persécution. Les militaires allemands, ainsi que leurs collaborateurs français au sein de la milice, ont soumis la population à un régime impitoyable d'arrestations arbitraires, d'interrogatoires et d'exécutions sommaires qui cherchaient à étouffer toute forme d'opposition.

Chaque action, chaque décision et chaque parole prononcée en public devait être soigneusement calculée pour éviter d'éveiller les soupçons. Les citoyens ont marché sur des œufs, parfaitement conscients que tout faux pas ou toute défiance perçue pourrait avoir des conséquences désastreuses pour eux-mêmes et leurs proches. L'omniprésence de la Gestapo, stratégiquement positionnée dans les territoires occupés, a fait en sorte que la peur jette son ombre sur le cœur des Français.

Pourtant, dans cette atmosphère de peur existait une aura toxique de collaboration et de trahison. Les voisins se sont retournés contre leurs voisins, les amis ont dénoncé leurs amis et les communautés se sont désintégrées sous la pression de la survie. La collaboration avec les occupants est devenue une stratégie séduisante pour certains afin d'obtenir un meilleur traitement, des privilèges et des opportunités économiques. Il s'agissait d'un marché faustien, une décision née d'un instinct primaire d'auto-préservation, mais qui a fragmenté davantage les communautés et érodé la confiance qui les unissait autrefois.

Le régime fantoche de la France de Vichy, collaborant avec les Nazis, a mis en œuvre des politiques qui ont activement fait avancer l'agenda allemand. La complicité du gouvernement de Vichy dans la déportation des Juifs, l'application des lois antisémites et son empressement à aider la machine de guerre nazie ont laissé de profondes cicatrices dans la conscience collective de la nation. La collaboration du régime est allée au-delà du simple acquiescement ; il a participé activement à la persécution et à la destruction de ses citoyens.

Cependant, il est essentiel de reconnaître que tous les citoyens français n'ont pas succombé à la peur et à la collaboration. Dans les ombres et les recoins secrets de la France occupée, un courant sous-jacent de résistance a surgi, se dressant comme une lueur d'espoir et de défi contre les occupants. Ces individus et groupes héroïques, connus sous le nom de Résistance, ont risqué leur vie pour résister et saboter le régime nazi. Ils fournissent de l'aide et un abri aux personnes persécutées, diffusent des journaux clandestins pour contrer la propagande et commettent des actes de sabotage pour entraver les opérations allemandes.

La vie sous l'occupation a eu des conséquences néfastes pour le bien-être mental et émotionnel de la population française. La surveillance constante et la peur des représailles ont brisé le tissu social des communautés. La confiance s'est évaporée, remplacée par la suspicion et la paranoïa. Les individus vivaient dans un état perpétuel d'anticipation, leur vie étant assombrie par la crainte qu'un ami ou un voisin de confiance ne finisse par les trahir aux autorités.

L'occupation a également fait payer un lourd tribut à l'économie, car les ressources ont été redirigées pour soutenir la machine de guerre allemande. Le rationnement, la pénurie et la pauvreté généralisée sont devenus des réalités difficiles pour de nombreux citoyens français. Une lutte quotidienne pour la survie s'est emparée de la population alors qu'elle était aux prises avec des pénuries alimentaires, un accès limité aux soins de santé et des infrastructures en ruine. Mais même face à des circonstances aussi difficiles, des actes de solidarité et de résistance ont émergé.

Les marchés clandestins, organisés par le marché noir, sont devenus une bouée de sauvetage pour beaucoup, permettant l'échange de biens autrement rares ou fortement réglementés. Ces marchés fonctionnaient discrètement, avec des codes secrets et des réseaux secrets les cachant des regards indiscrets des autorités allemandes. La contrebande est devenue courante, car les individus risquaient leur vie pour apporter des produits essentiels tels que de la nourriture, des médicaments et du carburant. Le marché noir, bien que dangereux et soumis à une application arbitraire, offrait un moyen de survie et un moyen de résister à l'oppression de l'occupation.

Dans les territoires occupés, des citoyens ordinaires se sont mobilisés pour défier les occupants de diverses manières. Certains ont rejoint les rangs de la résistance armée, s'engageant dans des sabotages, des assassinats et des guérillas contre les forces allemandes et leurs collaborateurs. Ces braves combattants opéraient à partir de bases cachées, utilisant leur connaissance du terrain local et des réseaux clandestins pour porter des coups rapides et efficaces aux occupants.

D'autres se sont engagés dans la désobéissance civile, subvertissant l'autorité allemande par des moyens non violents. Ils boycottaient les entreprises collaborationnistes, sabotaient la propagande allemande et diffusaient des tracts et des journaux clandestins qui exposaient la vérité derrière les atrocités du régime nazi. Ces actes de résistance ne se sont pas limités aux zones urbaines, car les communautés rurales ont formé leurs réseaux pour aider les fugitifs, les abris et les voies d'évasion, offrant une bouée de sauvetage à ceux qui étaient pourchassés par les forces d'occupation.

La résilience du peuple français face à l'oppression et à la collaboration témoigne de l'esprit humain indomptable. L'héroïsme et les sacrifices de ceux qui ont résisté à l'occupant ont symbolisé leur refus de s'incliner devant la tyrannie et ont servi de lueur d'espoir pour les générations futures. Par leurs actions, ils ont prouvé que même dans les moments les plus sombres, la flamme de la liberté ne peut jamais s'éteindre, et que la poursuite de la liberté vaut la peine de tout risquer.

Références de recherche et de lectures complémentaires :

Les travaux scientifiques examinant la nature complexe de la vie sous l'occupation en France, en particulier les aspects de la peur et de la collaboration, comprennent :

1. « Vichy France : Old Guard and New Order, 1940-1944 » de Robert O. Paxton, publié à l'origine par Alfred A. Knopf en 1972, est un ouvrage fondateur qui explore la collaboration du gouvernement de Vichy avec l'Allemagne nazie.

2. « The Shameful Peace : How French Artists and Intellectuals Survivor the Nazi Occupation » de Frederic Spotts, publié par Yale University Press en 2008, se penche sur les expériences et les dilemmes moraux auxquels l'élite culturelle française a été confrontée pendant l'Occupation.

3. « Marianne enchaînée : la vie quotidienne au cœur de la France pendant l'occupation allemande » de Robert Gildea, publié par Macmillan en 2002, offre un regard approfondi sur la vie quotidienne et les différents degrés d'acquiescement et de résistance au sein de la France occupée.

4. « Quand Paris s'est assombri : la ville lumière sous l'occupation allemande, 1940-1944 » de Ronald C. Rosbottom, publié par Little, Brown and Company en 2014, raconte l'impact de l'Occupation sur la vie quotidienne des Parisiens, en soulignant les défis et les ambiguïtés morales auxquels ils ont été confrontés.

5. « Occupation : le calvaire de la France 1940-1944 » de Ian Ousby, publié par Pimlico en 1999, propose un récit des mécanismes de collaboration et des effets de l'occupation sur la société française.

GUERILLA URBAINE

Le métro parisien

Paris, la ville emblématique connue pour sa beauté, sa culture et son art, a joué un rôle central dans la Résistance française pendant l'occupation nazie de la France. Sous les rues animées de la ville, une guerre cachée se déroulait : la guerre de la résistance. Dans ce chapitre, nous approfondirons encore plus le rôle crucial de Paris dans la Résistance française, en explorant les divers réseaux souterrains, les personnages clés et les opérations audacieuses au cœur de la capitale.

L'occupation de Paris par les Nazis en juin 1940 marque un tournant dans l'histoire de la ville. La métropole animée a été transformée en prison, ses habitants étant soumis à la dure domination des forces d'occupation. Cependant, les Parisiens ne se soumirent pas tranquillement ; au lieu de cela, ils ont résisté et se sont battus contre l'oppression nazie.

L'une des figures clés du métro parisien était Jean Moulin. Connu sous le nom de code « Max », Moulin était un leader inspirant qui a unifié divers groupes de résistance sous une bannière cohésive. Ses compétences exceptionnelles en matière d'organisation et sa réflexion stratégique lui ont permis de former le Conseil national de la Résistance, fusionnant efficacement les efforts de factions disparates. Ce front uni devient une épine dans le pied de l'occupant et une lueur d'espoir pour les Parisiens opprimés.

En plus de Moulin, d'autres figures clés ont émergé dans la clandestinité parisienne, chacune jouant un rôle important dans le mouvement de résistance. Jacques Bingen, architecte de profession, a utilisé sa connaissance de l'aménagement de la ville pour cacher des membres de la résistance et faire passer des informations en contrebande. Raymond Aubrac, ingénieur chimiste, a orchestré de nombreuses évasions de prison audacieuses, aidant d'autres résistants à échapper aux griffes de la Gestapo. Marie-Madeleine Fourcade, une femme courageuse animée par son patriotisme, dirigeait habilement un vaste réseau d'espionnage connu sous le nom d'Alliance depuis Paris.

Le métro parisien ne se limitait pas à des réunions et des discussions secrètes ; elle a également impliqué des actes de résistance audacieux et des opérations audacieuses. L'une de ces opérations fut la libération de Paris en août 1944. Alors que les forces alliées avançaient vers la ville, les Parisiens saisirent l'occasion et se soulevèrent contre leurs oppresseurs. Les résistants et les forces françaises libres dirigées par le général Charles de Gaulle se livrent à une guerre urbaine acharnée pour libérer la ville rue par rue. La Résistance parisienne a joué un rôle essentiel dans la fourniture de renseignements cruciaux, le sabotage des opérations allemandes et l'organisation d'actes de sabotage.

Sous l'effervescence de la ville, un labyrinthe caché de tunnels et d'égouts offrait aux Résistants une ressource vitale. Ces réseaux secrets sont devenus des lieux de rencontre secrets, des cachettes et des voies d'évasion pour les courageux individus qui se sont dressés contre les nazis. Les passages souterrains complexes permettaient à la résistance de se déplacer sans être détectée, d'échapper à la capture et de mener à bien ses opérations, entretenant ainsi la flamme de la résistance.

La collecte et la transmission de renseignements étaient essentielles aux efforts de résistance de la Résistance parisienne. Des membres courageux ont risqué leur vie en s'infiltrant dans des bâtiments contrôlés par les Allemands, en interceptant des messages et en relayant des informations vitales aux Alliés. Ils opéraient dans le plus grand secret, utilisant des pièces cachées, des codes secrets et des déguisements ingénieux pour recueillir des renseignements susceptibles de faire pencher la balance en faveur de l'effort de libération.

Le métro parisien a également joué un rôle crucial dans le soutien logistique de la Résistance française. Des armes, des fournitures et de faux papiers d'identité ont été passés clandestinement dans la clandestinité et distribués aux combattants de la Résistance à travers la ville. Ces réseaux souterrains sont devenus la bouée de sauvetage de la Résistance, assurant sa résilience face aux forces d'occupation.

Cependant, le caractère périlleux du métro parisien ne peut être sous-estimé. La Gestapo et les collaborateurs français traquent sans relâche les résistants, ce qui entraîne des représailles brutales. Le risque d'arrestation, de torture et d'exécution planait au-dessus de la tête des personnes impliquées dans la résistance. Pourtant, leur détermination et leur engagement indéfectible envers la cause les ont poussés à endurer ces dangers et à poursuivre le combat pour la liberté.

Le métro parisien témoigne de la bravoure et de la résilience des Parisiens pendant l'une des périodes les plus sombres de leur Histoire. Par leurs actions courageuses, ils ont joué un rôle important dans la libération finale de Paris et ont contribué à l'esprit général de résistance dans toute la France. Les histoires d'héroïsme, de sacrifice et d'esprit inébranlable qui se sont déroulées au sein du métro parisien resteront à jamais gravées dans les mémoires et inspireront les générations actuelles et futures.

Références de recherche et de lectures complémentaires :

Pour les recherches liées à la guerre urbaine et à la clandestinité parisienne pendant l'occupation nazie, voir les ouvrages suivants :

1. « Paris sous l'occupation » de Jean-Paul Sartre, écrit à l'origine en 1944 et réédité à divers intervalles, propose des réflexions contemporaines sur l'expérience de la vie dans le Paris occupé.

2. « Le Paris des étrangers depuis 1945 » de Nancy L. Green, publié aux Publications de la Sorbonne en 1989, comprend des discussions pertinentes sur l'expérience de divers groupes à Paris pendant et après l'occupation.

3. « Occupation : le calvaire de la France 1940-1944 » de Ian Ousby, publié par Pimlico en 1999, bien qu'il ne soit pas exclusivement centré sur la guerre urbaine, offre une vision globale des défis de l'occupation, y compris dans les centres urbains comme Paris.

4. « La libération de Paris : comment Eisenhower, de Gaulle

et Von Choltitz ont sauvé la Ville Lumière » de Jean Edward Smith, publié par Simon & Schuster en 2019, se penche sur les manœuvres militaires et politiques qui ont conduit à la libération de Paris, un événement étroitement lié aux activités de résistance urbaine.

5. Paris résistant (édition française) par Henri Michel. ALBIN MICHEL (1er janv. 1982).

6. Paris allemand par Henri Michel. Albin Michel (1er janv. 1981).

Pour un focus spécifique sur la guerre urbaine ou le fonctionnement du métro parisien, des histoires militaires détaillées ou des études spécialisées de la résistance française, souvent dans le cadre d'ouvrages plus larges sur la Seconde Guerre mondiale, peuvent fournir un aperçu. Les documents d'archives provenant de musées tels que le Musée de la Libération de Paris peuvent également être une ressource essentielle pour comprendre les subtilités de la résistance urbaine pendant l'occupation.

LE MAQUIS

Guérilleros ruraux

Le maquis, dérivé du mot français signifiant broussailles, incarnait l'esprit de résistance contre l'occupation allemande pendant la Seconde Guerre mondiale. Opérant secrètement à partir de cachettes cachées dans les forêts, les montagnes et les régions reculées de France, ces guérilleros ruraux ont mené une guerre implacable contre les oppresseurs, laissant une marque indélébile dans l'histoire.

Les racines du maquis remontent aux premiers jours de l'occupation, lorsque des individus déçus par le gouvernement collaborationniste de Vichy cherchaient d'autres moyens de s'opposer aux Nazis. Fuyant la conscription par le travail forcé, ces âmes rebelles se sont retirées dans la campagne accidentée et inhospitalière, formant de petits groupes qui allaient devenir le formidable maquis.

Les hommes et les femmes qui rejoignent les rangs du maquis sont issus d'horizons divers. Certains étaient d'anciens soldats désabusés par la défaite de la France, tandis que d'autres étaient de jeunes passionnés qui avaient vu de leurs propres yeux les atrocités commises sous le régime nazi. Ensemble, ils partageaient un objectif commun : récupérer leurs terres, restaurer la liberté et venger les souffrances de leurs compatriotes.

La survie dans le maquis exigeait un éventail de compétences. Les conditions difficiles de la nature sauvage les obligeaient à s'adapter rapidement à leur environnement, à chercher de la nourriture et à se cacher des patrouilles allemandes. Parfaitement conscients que les forces d'occupation les traqueraient sans relâche, les résistants ont dû faire preuve d'adaptabilité, de débrouillardise et de prudence. Ils ont établi des réseaux de soutien complexes avec les communautés locales qui ont risqué leur vie pour fournir de la nourriture, un abri et des informations précieuses. La relation symbiotique entre le maquis et ces courageux civils est devenue l'épine dorsale de leurs opérations, insufflant espoir et unité face à l'adversité.

La communication entre le maquis et le réseau de résistance au sens large était dangereuse. Les forces d'occupation allemandes surveillaient en permanence toute activité suspecte. Par conséquent, les résistants ont eu recours à diverses méthodes clandestines pour relayer l'information. Les codes, les messages cachés et l'utilisation de symboles cryptiques sont devenus l'élément vital de leur fonctionnement. Ils ont développé un langage, utilisant des phrases simples pour transmettre des significations cachées. Des messagers anonymes transportant des renseignements vitaux ont courageusement navigué à travers les lignes ennemies, leur bravoure brillant alors qu'ils risquaient leur vie pour la cause. Opérant souvent de manière isolée, ces combattants ruraux comptaient sur leur intelligence, ainsi que sur de solides liens de confiance et de loyauté pour déjouer l'ennemi.

Les maquisards ont été des pionniers dans l'emploi de tactiques de guérilla, frappant avec précision et insaisissables. Leur connaissance intime du terrain local leur confère un avantage stratégique, leur permettant de tendre des embuscades aux patrouilles allemandes, de saboter les infrastructures et de perturber les lignes d'approvisionnement. Ces actes audacieux de défiance s'accompagnaient souvent d'un risque personnel important. Pourtant, ils ont gravement entravé la machine de guerre nazie, la jetant dans le désarroi et soutenant le moral de la population française.

Dans leur quête inébranlable de liberté, les maquisards ont également joué un rôle déterminant en aidant et en abritant les soldats et les aviateurs alliés piégés derrière les lignes ennemies. Malgré les risques énormes, ils ont volontairement hébergé ces personnes, leur offrant un refuge et les guidant vers la sécurité. Le dévouement des maquis à la cause s'étendait au-delà de leurs compatriotes, incarnant l'esprit de solidarité internationale contre la tyrannie.

Les tactiques brutales des occupants ont mis à l'épreuve à plusieurs reprises la détermination des combattants du maquis. Les nazis ont fréquemment riposté à ce qu'ils percevaient comme des actes de résistance par des massacres impitoyables, la destruction de villages et des exécutions publiques. Pourtant, au lieu de refroidir leurs ardeurs, ces actes barbares n'ont fait qu'alimenter la détermination du maquis à riposter et à s'assurer que les sacrifices ne soient pas vains.

Le vent a commencé à tourner en faveur de la résistance française en 1944 lorsque les Alliés ont envahi la Normandie. Le maquis saisit avec empressement cette opportunité, coordonnant ses efforts avec l'avancée des forces alliées. Armés de leur connaissance inestimable du paysage local, ils sont devenus de féroces alliés dans la libération de leur patrie, agissant en tant qu'éclaireurs, guides et combattants. Leur aide s'est avérée indispensable, aidant les Alliés à progresser rapidement vers la victoire.

En fin de compte, la conviction inébranlable du maquis et sa volonté de tout sacrifier pour la cause ont ouvert la voie à la Libération de la France. Leur ténacité, leur ingéniosité et leur capacité à semer la peur dans le cœur de leurs oppresseurs ont laissé une marque indélébile dans l'histoire de la nation. Le maquis témoigne de la puissance durable de l'esprit humain, inspirant les générations futures à se battre pour la justice, la liberté et la préservation de la paix.

Bien que dispersés dans les campagnes françaises, les maquisards formaient un réseau qui s'étendait bien au-delà de leurs unités. L'interconnexion du mouvement de résistance a assuré la circulation de l'information qui lui a permis de coordonner des sabotages et des attaques à plus grande échelle contre des cibles de grande valeur. En collaborant avec d'autres factions de la résistance, telles que les Forces françaises de l'intérieur (FFI) basées en milieu urbain, ils ont créé une force redoutable contre les forces d'occupation allemandes.

L'une des plus grandes forces du maquis était sa capacité à s'adapter à son environnement et à subvenir à ses besoins en pleine nature. Avec des ressources limitées, ils sont devenus des maîtres de la survie, utilisant tout ce qu'ils pouvaient trouver dans leur environnement naturel. Chercher de la nourriture, construire des abris à partir de matériaux naturels et fabriquer des armes à partir de ferraille et de munitions mises au rebut sont devenus des compétences acquises par chaque maquisard. La capacité de se fondre parfaitement dans leur environnement leur permettait de rester insaisissables et de frapper de manière inattendue, laissant l'ennemi dans une instabilité constante.

Les actes de résistance du maquis vont au-delà de la confrontation avec les soldats allemands. Ils se livraient activement à des actes de subversion, diffusant des informations et de la propagande pour saper l'autorité des occupants. Par l'intermédiaire d'imprimeries clandestines et de rédacteurs en chef sympathisants, ils produisirent et distribuèrent des journaux, des tracts et des affiches clandestins pour contrer la propagande allemande et renforcer le soutien à la cause de la Résistance. Leur détermination à maintenir l'esprit de résistance vivant les a poussés à trouver des moyens innovants de communiquer efficacement leurs messages en permanence.

Malgré les dangers inhérents et la menace constante de trahison, le maquis a suscité l'admiration et le soutien de la population française. Ils étaient considérés comme des symboles d'espoir, incarnant l'esprit inébranlable de résistance contre un ennemi apparemment invincible. Marquées par leur courage et leur détermination, les communautés locales se sont mobilisées autour du maquis, leur apportant un soutien et des renseignements inestimables. Des agriculteurs, des commerçants et des villageois de tous horizons ont offert des abris, de la nourriture et des fournitures, au péril de leur vie. La capacité du maquis à rallier le soutien du peuple français a joué un rôle central dans sa survie et son succès.

Malgré des obstacles écrasants, le maquis a eu sa part de revers et de défaites. De nombreux combattants courageux ont payé le prix ultime pour leur défi, sacrifiant leur vie pour la cause en laquelle ils croyaient. Cependant, leur sacrifice n'a pas été vain. La résistance acharnée du maquis a démoralisé et épuisé les forces d'occupation allemandes, détournant des ressources et une attention substantielles des principaux fronts de la guerre. Ils ont ébranlé la détermination de l'ennemi, ce qui a permis aux Alliés de poursuivre leurs plans stratégiques avec plus d'avantage.

Le maquis représente un chapitre crucial de l'histoire de la Seconde Guerre mondiale, incarnant l'esprit inébranlable de résistance contre l'oppression et la tyrannie. Leurs sacrifices et leurs réalisations incroyables nous rappellent que même dans les moments les plus sombres, les individus ordinaires peuvent atteindre des sommets extraordinaires. L'esprit indomptable du maquis reste une source d'inspiration intemporelle, nous rappelant notre devoir de lutter pour la justice, la liberté et la dignité de toute l'humanité.

Références de recherche et de lectures complémentaires :

Voici quelques-uns des travaux scientifiques les plus remarquables sur les résistants ruraux du maquis français pendant la Seconde Guerre mondiale :

1. Histoire de la Résistance en France, par Henri Michel, com-

prend la couverture des réseaux et des opérations du Maquis. Il est toujours considéré comme l'un des ouvrages de référence sur le sujet. Presses Universitaires de France - PUF (1er nov. 1992).

2. Chronique de la Résistance, La Seconde Guerre mondiale. 2 volumes. Edition française par Henri Michel, Alain Guérin. Omnibus (7 nov. 2002).

3. « Le maquis : une histoire du mouvement de résistance français » par Julian Jackson. Publié en 1976 (Robert Hale Ltd), fournit un contexte important sur la façon dont le maquis a émergé et ses tactiques contre les occupants allemands.

4. « Le maquis dans l'histoire » édité par H.R. Kedward et Roger Austin. Un recueil d'essais d'historiens de premier plan publié en 1976 explorant différents aspects du mouvement maquis à l'échelle régionale et nationale.

5. « La Résistance française 1940-1944 » par Roderick Kedward. Publié en 1975, analyse le développement et l'impact du maquis à travers le prisme de l'histoire politique et sociale.

6. « La clandestinité en France : résistance et représailles, 1940-1944 » par H.R. Kedward. Se concentre spécifiquement sur les activités du maquis en Dordogne en s'appuyant sur des recherches archivistiques. Publié en 1991 par The Dovecote Press.

COMMUNICATION SECRÈTE

Codes, chiffrements et réseaux souterrains

Pendant les jours sombres de l'occupation nazie, la communication entre les membres de la Résistance française n'était pas une tâche simple. Les forces d'occupation surveillaient de près le courrier, les lignes téléphoniques et d'autres moyens de communication conventionnels, obligeant les combattants de la résistance à s'appuyer sur des codes secrets, des chiffres et des réseaux clandestins pour transmettre leurs messages.

Les codes et les chiffres sont devenus des outils essentiels pour préserver le secret et assurer la sécurité des membres de la Résistance. L'une des méthodes les plus utilisées était le chiffrement de substitution, où chaque lettre de l'alphabet était remplacée par une autre lettre ou symbole. Cependant, s'appuyer uniquement sur des chiffres de substitution avait ses limites. Les Nazis, avec leurs techniques avancées de cryptanalyse, ont pu casser beaucoup de ces codes avec du temps et des ressources. Par conséquent, les réseaux de résistance ont commencé à utiliser des chiffres plus complexes, tels que le chiffre de Vigenère, qui utilisait un mot-clé comme base pour le cryptage. Chaque lettre de mot-clé déterminerait le décalage du chiffre de substitution, ce qui le rendrait beaucoup plus difficile à déchiffrer sans le mot-clé.

Pour transmettre des messages codés, les résistants utilisaient des objets du quotidien tels que des journaux ou des lettres, marquant des lettres ou des mots spécifiques pour transmettre leur véritable signification. Ces marques peuvent être aussi subtiles qu'un mot souligné ou un petit point à côté d'une lettre spécifique. Seuls ceux qui possédaient la clé de chiffrement correspondante et qui savaient déchiffrer ces marques cachées pouvaient révéler le message valide.

Pour compliquer encore les choses, les réseaux de résistance ont souvent développé des codes et des chiffrements uniques, garantissant que les autres resteraient sécurisés même si l'un des réseaux était compromis. Ces codes personnalisés reposaient sur des connaissances partagées entre les membres de la résistance, y compris des significations cachées dans des phrases de tous les jours, des acronymes communs ou des codes personnels connus seulement de quelques privilégiés. Certains membres de la résistance ont même créé leurs langages secrets, remplis de mots et de phrases inventés, ajoutant une couche de complexité à la communication.

Les réseaux clandestins ont joué un rôle essentiel pour faciliter la communication au sein de la **Résistance.** Ces réseaux élaborés permettaient de transporter secrètement des messages et des fournitures à travers le pays. Ils fonctionnaient strictement dans le besoin de savoir, avec seulement quelques personnes au courant de la structure complète du réseau. Ce cloisonnement réduisait le risque qu'une personne possède trop d'informations et soit forcée de les révéler lors d'un interrogatoire ou d'une torture.

Les réseaux clandestins maintenaient des maisons sûres où les membres de la résistance pouvaient se rassembler, recevoir des mises à jour et transmettre des messages dans un environnement sécurisé. Ces refuges étaient souvent des bâtiments abandonnés ou discrets, méticuleusement choisis pour éviter d'attirer les soupçons. À l'intérieur, les membres de la Résistance trouvaient des compartiments cachés, des faux murs et des compartiments dissimulés dans des objets du quotidien pour stocker leurs codes, leurs chiffres et leur équipement. Ces refuges sont devenus des forteresses d'espoir et de détermination, où les combattants de la Résistance se sont rassemblés, ont élaboré des stratégies et ont renforcé leur détermination.

En plus des méthodes traditionnelles, la technologie a joué un rôle important dans la communication au sein de la Résistance. Les émetteurs radio sont devenus des outils de la plus haute importance, permettant de diffuser des messages de manière anonyme et rapide sur de vastes territoires. Ces émetteurs étaient de petits appareils portables qui pouvaient être facilement cachés ou déplacés pour éviter d'être détectés par les occupants. Les opérateurs radio, habiles dans l'utilisation de ces appareils, encodaient les messages et les transmettaient à l'aide de fréquences prédéterminées, s'assurant qu'ils atteignaient leurs destinataires prévus. Ces messages fournissaient aux combattants de la Résistance des informations cruciales, telles que l'emplacement des principales installations nazies, des détails sur les mouvements de troupes et des mises à jour sur les opérations alliées.

La coordination de la communication secrète était une tâche complexe et délicate. La protection de ces voies de communication était cruciale pour le succès des différentes opérations de la Résistance. Une brèche pourrait conduire à la capture, à l'arrestation et même à l'exécution de membres de la résistance, mettant en danger l'ensemble du mouvement. Par conséquent, les codes, les chiffres et les réseaux souterrains devaient continuellement s'adapter et évoluer pour garder une longueur d'avance sur les forces d'occupation.

Les membres de la résistance ont utilisé diverses méthodes pour tester la sécurité de leurs canaux de communication. Ils employaient des individus connus sous le nom d'« agents doubles », dont le rôle principal était de tenter d'infiltrer le réseau sous couvert de collaboration avec les Nazis. Ces agents doubles transmettaient des messages interceptés, prétendant qu'ils étaient toujours loyaux à la résistance, pour déterminer si quelqu'un au sein du réseau avait été compromis. La résilience de la Résistance ne résidait pas seulement dans sa capacité à garder ses secrets cachés, mais aussi dans sa vigilance à éliminer les traîtres potentiels.

On ne saurait trop insister sur l'importance de la communication secrète dans l'histoire de la Résistance française. Ces méthodes clandestines de transmission de l'information ont joué un rôle essentiel dans la coordination des actes de sabotage, le partage des renseignements et le maintien de l'esprit de résistance et d'espoir dans la France occupée. Les personnes qui ont méticuleusement élaboré et transmis ces messages, et ceux qui ont risqué leur vie pour les transmettre, sont des héros méconnus dans les annales de l'histoire, leurs contributions importantes et inspirantes. C'est grâce à leur courage et à leur détermination que la Résistance française est devenue une force avec laquelle il faut compter et a finalement joué un rôle crucial dans la libération de la France de l'occupation nazie.

Au sein de ces réseaux souterrains, un autre élément jouait un rôle essentiel dans le maintien des canaux de communication : les coursiers. Ces individus courageux risquaient leur vie alors qu'ils traversaient le territoire ennemi pour livrer des messages, des codes et des chiffres aux cellules de résistance et aux refuges à travers le pays. Les coursiers avaient une connaissance exceptionnelle de la terre, utilisant leur familiarité avec le terrain et leur ruse pour éviter d'être détectés. Ils se déplaçaient souvent à pied ou à vélo, comptant sur le couvert de l'obscurité et des ombres pour se faufiler devant les points de contrôle et les patrouilles nazies sans se faire remarquer.

La sélection et la formation des coursiers étaient des processus méticuleux. Les candidats ont été choisis en fonction de leur forme physique, de leur résilience et de leur dévouement à la cause. Ces personnes ont suivi une formation rigoureuse en matière de navigation, de techniques de survie et de tactiques d'évasion. Ils ont été chargés de mémoriser le réseau complexe de refuges, de codes et de contacts, prêts à parcourir des kilomètres à pied ou à vélo pour livrer leurs charges utiles critiques.

Les missions des messagers étaient remplies de dangers et d'incertitudes. Le risque d'être capturé ou trahi était toujours présent, et les conséquences d'un échec étaient graves. S'ils étaient pris, les messagers étaient soumis à des interrogatoires brutaux et à la torture, les Nazis tentant d'obtenir des informations sur le réseau de résistance et ses membres. De nombreux passeurs ont été emprisonnés, tandis que d'autres, tragiquement, ont trouvé la mort aux mains de leurs ravisseurs.

Pour maximiser leurs chances de succès, les coursiers se lançaient dans leurs missions seuls ou en petits groupes, diminuant ainsi les chances d'attirer l'attention. Ils traversaient souvent des terrains traîtres, tels que des forêts denses ou des régions montagneuses, où ils pouvaient compter sur la couverture de la nature pour protéger leurs mouvements des regards indiscrets. Certains se déguisaient en travailleurs civils ou en agriculteurs, se fondant dans leur environnement et évitant les soupçons lorsqu'ils naviguaient entre les postes de contrôle et les installations militaires.

Les coursiers comptaient également sur le soutien de citoyens français compatissants qui leur fournissaient des maisons sûres, de la nourriture et un abri tout au long de leurs périlleux voyages. Ces personnes courageuses ont formé un vaste réseau d'aides, prêtes à risquer leur vie et la sécurité de leurs familles dans la lutte contre l'oppression nazie. Servant d'intermédiaires entre les cellules de résistance, ces citoyens ont joué un rôle essentiel dans le succès du réseau de communication. Leurs actes silencieux de solidarité et de bravoure ont permis aux messages de résistance de circuler, de renforcer les liens entre les différentes cellules et de répandre l'espoir dans toute la France occupée.

Au fur et à mesure que la guerre s'éternisait, le réseau de communication secret de la Résistance française subissait une pression croissante de la part de l'occupant nazi. Les forces d'occupation employaient des cryptanalystes qualifiés et du personnel de renseignement pour déchiffrer et perturber les messages de résistance. La résistance a été contrée en employant des codeurs experts, en développant constamment de nouveaux chiffrements et en affinant leurs codes pour rester en avance sur les efforts nazis.

Parmi ces codeurs, un nom se détache : Jean-Pierre Leclerc. Leclerc était un brillant mathématicien doté d'un talent naturel pour le décryptage et la cryptographie. En tant que membre de la Résistance, il a joué un rôle crucial dans le développement de chiffrements complexes et de méthodes de cryptage pour protéger les canaux de communication de la Résistance française.

Les codes de Leclerc étaient connus pour leur sophistication et leur efficacité. Il combinait souvent plusieurs techniques de cryptage, créant des couches de complexité qui nécessitaient beaucoup de temps et de ressources pour être déchiffrées. L'une de ses créations les plus célèbres était un chiffre polyalphabétique qu'il a appelé « Leclerc's Lockbox ». Ce chiffre utilisait un système d'alphabet rotatif, où les alphabets décalés changeaient à chaque lettre du message. Il s'agissait d'une méthode hautement sécurisée qui s'est avérée presque impossible à déchiffrer pour les Nazis.

Leclerc a également mis au point une méthode innovante de transmission de messages codés à l'aide d'encre invisible. Il écrivait ses messages dans du jus de citron, qui devenait visible lorsqu'il était exposé à la chaleur ou à certains produits chimiques. Cela a permis aux combattants de la Résistance de cacher leurs messages à la vue de tous sur des morceaux de papier apparemment innocents. Les membres de la résistance écrivaient une lettre ou une correspondance apparemment ordinaire pour transmettre les messages, le message caché étant écrit à l'aide d'encre invisible. Le destinataire utiliserait alors la méthode appropriée pour révéler et décoder le message caché.

En plus de ses compétences en cryptographie, Leclerc était également responsable de la formation et de l'instruction d'autres membres de la Résistance en matière de communication secrète. Il leur a enseigné les subtilités de ses chiffrements, les techniques de cryptage et l'importance de maintenir le secret et la vigilance dans une surveillance constante. L'expertise et le dévouement de Leclerc à la cause ont grandement amélioré la capacité de la Résistance à communiquer et à coordonner efficacement ses opérations.

Malgré les risques et les défis auxquels ils ont été confrontés, les méthodes de communication secrètes de la Résistance française se sont avérées inestimables tout au long de l'occupation. La capacité de la Résistance à maintenir son réseau et à transmettre des informations critiques a joué un rôle crucial dans le succès de ses opérations. Cela leur a permis de coordonner des actes de sabotage, de recueillir des renseignements et de maintenir l'esprit de résistance en vie, même face à des chances écrasantes.

Les codes, les chiffres et les réseaux clandestins de la Résistance française témoignent de la puissance de l'ingéniosité et de la détermination humaines. Face à l'oppression et à l'adversité, des individus ordinaires ont trouvé des moyens extraordinaires de protéger leurs messages et de préserver leur cause. Leurs méthodes de communication secrètes ont permis à la flamme de la résistance de rester allumée, inspirant les générations futures à se dresser contre l'injustice et à se battre pour la liberté.

L'héritage de la Résistance française se perpétue comme un symbole de bravoure, de résilience et de pouvoir d'unité. Leurs méthodes de communication secrètes continuent d'inspirer les cryptographes et les décrypteurs, nous rappelant le rôle essentiel de la cryptographie dans la préservation de la vie privée, de la sécurité et de la liberté de dissidence. Les histoires de ces héros méconnus nous rappellent que même dans les moments les plus sombres, il y a toujours une lueur d'espoir et le potentiel pour les individus ordinaires d'avoir un impact extraordinaire.

Références de recherche et de lectures complémentaires :

Les travaux scientifiques suivants fournissent un aperçu approfondi de ces activités clandestines :

1. « Battle of Wits : The Complete Story of Codebreaking in World War II » par Stephen Budiansky, publié en 2000 par Simon and Schuster. Ce livre fournit un aperçu complet du rôle du décryptage pendant la Seconde Guerre mondiale, y compris les activités en France.

2. « Codebreakers : The Inside Story of Bletchley Park » par

F. H. Hinsley et Alan Stripp, publié en 2001 par Oxford University Press. Cet ouvrage détaille les efforts du centre britannique de décryptage de Bletchley Park, qui avait des liens importants avec la résistance française.

3. « Codebreakers' Victory : How the Allied Cryptoographers Won World War II » par Hervie Haufler, publié en 2014 par Open Road Media. Ce livre met en lumière les contributions des cryptographes alliés, y compris leurs interactions et leur soutien à la résistance française.

4. « Outwitting the Gestapo » de Lucie Aubrac, traduit par Konrad Bieber et Betsy Wing, publié en 1994 par les Presses de l'Université du Nebraska. Ce récit personnel offre une vision intime du mouvement de résistance en France, y compris l'utilisation de communications secrètes pour échapper et saper l'occupation nazie.

5. « La Résistance française : 1940-1944 » de Raymond et Lucie Aubrac, publié en 1997 chez Hazan Editeur à Paris. Ce livre offre un point de vue de l'intérieur sur la Résistance française, en discutant de diverses tactiques, y compris les communications secrètes.

6. « Silent Heroes : Downed Airmen and the French Underground » par Sherri Greene Ottis, publié en 2001 par l'University of Kentucky Press. Il détaille le réseau qui soutenait les aviateurs abattus, y compris l'utilisation de codes et de messages secrets.

7. « Occupation » de Ian Ousby, publié en 2000 par Cooper Square Press. Ce travail fournit un contexte plus large de

l'occupation nazie de la France, au sein de laquelle ces réseaux de communication secrets ont opéré.

8. « Sisters in the Resistance : How Women Fought to Free France, 1940-1945 » par Margaret Collins Weitz, publié en 1998 par John Wiley & Sons. Ce livre se concentre sur le rôle des femmes dans la Résistance française, y compris leur implication dans les efforts de communication secrète.

ACTES DE SABOTAGE

Perturber la machine de guerre nazie

Face à l'occupation nazie, la Résistance française reconnaît la nécessité d'agir contre la machine de guerre allemande. Les actes de sabotage sont devenus une stratégie cruciale employée par les combattants de la Résistance pour perturber les opérations allemandes, entraver leurs chaînes d'approvisionnement et semer la peur dans le cœur des forces d'occupation.

Le sabotage a pris de nombreuses formes, englobant un large éventail d'actions qui nécessitaient une planification minutieuse, de l'ingéniosité et de la bravoure. La diversité des individus impliqués dans la résistance, y compris les communistes, les libéraux, les nationalistes et les citoyens ordinaires, a apporté des compétences et des perspectives différentes, contribuant à l'efficacité des efforts de sabotage.

Faire sauter des lignes de chemin de fer et des ponts était une méthode de sabotage très efficace. Les combattants de la Résistance, connus sous le nom de « démolisseurs de trains », étudiaient attentivement les routes d'approvisionnement allemandes et ciblaient des points cruciaux pour perturber les transports et arrêter le flux de troupes et de fournitures. Ces actes ont provoqué des perturbations immédiates et ont créé des défis logistiques à long terme pour l'effort de guerre allemand.

Les membres de la Résistance sont souvent confrontés à d'immenses dangers en commettant ces actes. Ils ont dû travailler rapidement, sous le couvert de l'obscurité, creuser des trous sous les voies, placer des explosifs, puis s'échapper rapidement. Les bombes ont été conçues pour exploser à des moments sans méfiance, assurant un impact maximal. Les démolisseurs de trains ont fait preuve d'un courage, d'une détermination et d'une planification méticuleuse remarquables malgré les risques encourus.

Les réseaux de communication étaient également la cible fréquente de sabotages. Les membres de la Résistance coupent les lignes téléphoniques, interceptent les messages allemands et diffusent de fausses informations pour induire l'ennemi en erreur. Cette opération sophistiquée de collecte de renseignements et de tromperie a été cruciale pour saper la capacité des Allemands à coordonner efficacement leurs opérations.

Les combattants de la résistance ont puisé dans leur expertise technique, utilisant des radios artisanales pour intercepter les transmissions ennemies. Ils déchiffraient les codes, surveillaient les mouvements des troupes allemandes et fournissaient des informations vitales aux Alliés. Ces actes de sabotage ont perturbé les communications allemandes et fourni des renseignements précieux au réseau de résistance, leur permettant de planifier plus efficacement les opérations futures.

Le sabotage des dépôts d'armes et de munitions allemands était une autre tactique importante employée par la Résistance. Ces installations étaient vitales pour les capacités militaires de l'ennemi, et leur destruction privait les Allemands de ressources vitales et retardait leur capacité à se réapprovisionner en armements. Les combattants de la Résistance ont compris l'importance de perturber les chaînes d'approvisionnement et de réduire l'efficacité de la puissance de feu de l'ennemi.

De courageux résistants se sont infiltrés dans des installations militaires, risquant leur vie pour placer des charges explosives. Ils ont ciblé des entrepôts remplis d'armes et de munitions, déclenchant une réaction en chaîne de destruction. Ces actes audacieux ont non seulement causé des dommages immédiats, mais ont également semé le doute dans les rangs allemands, qui ont remis en question la sécurité de leurs propres installations et la fiabilité de leurs collaborateurs.

Des tactiques de guérilla urbaine ont également été utilisées, avec des attentats à la bombe et des assassinats visant des responsables et des collaborateurs allemands clés. Ces actions ont éliminé des personnalités de premier plan et créé un sentiment de peur et de paranoïa parmi les forces d'occupation et leurs collaborateurs. Cet impact psychologique affaiblit encore l'emprise de l'ennemi et sert de cri de ralliement au peuple français.

Les combattants de la Résistance, travaillant souvent en petits groupes connus sous le nom de maquis, ont mené des attaques ciblées contre des officiers et des collaborateurs allemands. Ces individus courageux se sont habilement fondus dans le paysage urbain, frappant rapidement et disparaissant dans le chaos de la ville. Ils ont fait preuve d'une adresse au tir et d'une précision exceptionnelles, choisissant soigneusement leurs cibles pour porter des coups décisifs au moral de l'ennemi.

Sous les actes audacieux de sabotage et de guérilla, la résistance s'appuyait sur un vaste réseau de citoyens ordinaires qui jouaient discrètement des rôles essentiels. Ils fournissaient aux combattants de la Résistance des refuges, des renseignements, des fournitures et des moyens de transport. Ces personnes courageuses étaient des héros méconnus qui ont risqué leur vie pour soutenir la résistance et assurer la poursuite de ses opérations.

Des héros discrets tels que Jean Moulin, une figure clé de l'unification de la résistance, ont coordonné les efforts des différents groupes de résistance, veillant à ce qu'ils travaillent vers un objectif commun. Le leadership et la ténacité de Moulin ont fourni une direction et un sentiment d'unité parmi les combattants de la Résistance, renforçant leur détermination à lutter contre l'occupation allemande.

On ne saurait trop insister sur les risques encourus par les Résistants. Les agents et les collaborateurs de la Gestapo traquaient activement les combattants, et la trahison dans leurs propres rangs était une menace constante. Des interrogatoires, des tortures et la mort attendaient ceux qui étaient capturés par l'ennemi. Néanmoins, la résistance a persévéré. Ils étaient animés par un profond désir de liberté, un engagement indéfectible envers leur pays et une croyance en la justesse de leur cause.

Les actes de sabotage perpétrés par la Résistance française ne sont pas des incidents isolés. Ils faisaient partie d'une stratégie plus large visant à éroder la confiance des occupants allemands et à saper leur contrôle sur la France. La résistance visait à créer une atmosphère d'incertitude et de peur, amenant l'ennemi à douter de sa capacité à maintenir son emprise sur le territoire occupé.

Au-delà des perturbations immédiates provoquées, les sabotages menés par la Résistance française ont eu un impact profond sur la machine de guerre nazie. Il a considérablement entravé les opérations allemandes, ralenti leur capacité à déployer des troupes et des approvisionnements et perturbé les réseaux de communication et logistiques. Ces actions n'ont pas seulement servi d'entrave physique, mais ont également porté un coup psychologique aux occupants, qui ont pris conscience de la résilience et de la détermination du peuple français.

L'héritage des actes de sabotage perpétrés par la Résistance française pendant l'occupation nazie se fait encore sentir aujourd'hui. Ils sont un rappel de l'esprit humain indomptable et de la puissance de l'action collective contre la tyrannie. Les résistants et leurs partisans ont fait preuve d'un courage, d'une ingéniosité et d'un dévouement inébranlables à une cause plus grande qu'eux. Leurs actions témoignent de la force de l'esprit humain et du triomphe de la résistance face à l'oppression.

Références de recherche et de lectures complémentaires :

Plusieurs travaux scientifiques fournissent des informations précieuses sur les actes de sabotage contre la machine de guerre nazie dans la France occupée pendant la Seconde Guerre mondiale. La résistance a mené des activités de sabotage telles que le déraillement de trains, l'endommagement d'usines et d'infrastructures et l'entrave aux mouvements de troupes allemandes pour perturber l'effort de guerre nazi.

1. Smith, Meredith. *L'expérience civile dans la France occupée par les Allemands*. n° 6, 1940, digitalcommons.conncoll.e du/cgi/viewcontent.cgi?article=1005&context=histhp. Cet article de 2010 examine les expériences des civils dans la France occupée, notant que les actes de sabotage ont augmenté tout au long de la guerre, en particulier contre les chemins de fer. Il met en évidence les grèves des cheminots et les ralentissements qui ont effectivement retardé les mouvements de troupes et de ravitaillement allemands avant le jour J.

2. Wegner, Larissa. « Occupation pendant la guerre (Belgique et France) | Encyclopédie internationale de la Première Guerre mondiale (WW1). » *1914-1918-Online.ne t* 2014, encyclopedia.1914-1918-online.net/article/occu pation_during_the_war_belgium_and_france. Cette entrée de l'encyclopédie de 2014 détaille les politiques et pratiques allemandes en France et en Belgique occupées. Il note que la résistance a concentré le sabotage sur les réseaux de transport et les centres industriels pour ralentir la production de guerre et les mouvements de troupes avant l'invasion de la Normandie.

3. En grève contre les nazis, par Steve Cushion et Merilyn Moos. Histoire socialiste. Publication occasionnelle 47. The Socialist History Society, 2021 : Cette publication de 97 pages analyse le passage du parti communiste français à la résistance active après l'invasion de l'Union soviétique par l'Allemagne en 1941. Elle traite du sabotage des usines, des infrastructures et des transports de troupes par les communistes dans le nord de la France : https://discover

y.ucl.ac.uk/id/eprint/10159400/1/On-strike.pdf

4. Résistance : la guerre clandestine contre Hitler, 1939-1945, par Halik KochanskiLiveright (2022). Ce livre examine les activités de résistance dans l'Europe occupée par les nazis. Il met en évidence le sabotage des réseaux de transport et de communication en France avant le jour J, qui a été planifié en coordination avec l'invasion alliée.

5. Smith, McKay M. « Porter un témoin silencieux : l'attestation secrète d'un grand-père aux crimes de guerre allemands dans la France occupée. » Journal of Strategic Security 6, n° 3 Suppl. (2013): 358-381.

6. Un rapport militaire de 1944 analyse les efforts de sabotage allemands aux États-Unis, notant qu'ils sont dérisoires par rapport au sabotage de la résistance dans les pays occupés. Il affirme qu'un tel sabotage était la clé pour réduire la capacité et la volonté de résistance de l'Allemagne. https://digitalcommons.usf.edu/cgi/viewcontent.cgi?article=1686&context=jss

COLLECTE DE RENSEIGNEMENTS

Espions et informateurs

Pendant les jours sombres de l'occupation nazie en France, la collecte de renseignements a joué un rôle crucial dans le mouvement de résistance clandestin. Des espions et des informateurs ont risqué leur vie pour fournir des informations précieuses aux réseaux de résistance, les aidant à saper l'occupant allemand et à contribuer à la libération éventuelle de la France.

L'une des principales sources de renseignements de la résistance était le vaste réseau d'informateurs répartis dans toute la France. Ces individus, motivés par une forte croyance en la liberté et leur désir de voir les Nazis vaincus, venaient de différents horizons. Il s'agissait notamment de commerçants, de journalistes, d'enseignants, d'ouvriers d'usine et d'employés des chemins de fer qui avaient accès à des informations clés en raison de leurs interactions avec des soldats allemands, des représentants du gouvernement ou au sein de leurs industries respectives. Ces informateurs transmettaient discrètement des détails sur les mouvements de troupes allemandes, les routes d'approvisionnement et d'autres informations sensibles qui pouvaient être utilisées pour planifier des actes de sabotage ou d'autres opérations de résistance. Les noms de code étaient souvent utilisés pour protéger leurs sources et maintenir le secret, ce qui permettait l'anonymat et réduisait le risque d'exposition.

La résistance s'appuyait également sur des agents infiltrés, communément appelés espions, qui infiltraient les zones contrôlées par les Allemands ou les organisations nazies pour recueillir des renseignements. Ces personnes possédaient un ensemble de compétences remarquables qui leur permettaient de se fondre parfaitement dans leur environnement tout en effectuant un travail clandestin. Certains espions ont pris de fausses identités et ont inventé des histoires complexes pour jouer le rôle de collaborateurs ou de sympathisants de manière convaincante. Ils travaillaient en étroite collaboration avec les autorités allemandes, écoutant les conversations et collectant secrètement des documents contenant des informations inestimables. Ces espions se sont donné beaucoup de mal pour gagner la confiance des occupants et recueillir des informations précieuses, risquant leur vie chaque jour pour contribuer aux efforts de résistance.

La Résistance a développé des systèmes élaborés de messages codés et de signaux cachés pour communiquer avec leurs informateurs et leurs espions. Ces méthodes de communication secrètes étaient cruciales pour protéger l'identité de leurs sources et s'assurer que les informations recueillies parvenaient aux bonnes mains. Les membres de la résistance utilisaient parfois de l'encre invisible, des micropoints ou même des symboles cryptiques pour transmettre leurs messages. Le décodage de ces messages nécessitait une formation approfondie et des connaissances spécifiques partagées uniquement entre les membres de la Résistance de confiance.

La méticulosité requise dans la collecte de renseignements n'avait d'égal que la bravoure et l'ingéniosité des personnes impliquées. Les combattants de la Résistance construisaient souvent des cachettes secrètes et utilisaient des techniques innovantes pour échapper à la détection par les autorités allemandes. Ils ont développé des stratégies pour garder leurs activités secrètes, telles que l'emprunt de différents itinéraires et l'utilisation de lettres mortes pour échanger des informations sans contact direct. Dans certains cas, des individus portaient même de faux papiers d'identité ou se livraient à des actes de petite délinquance pour créer des alibis pour leur rôle caché dans la résistance.

Cependant, le travail de collecte de renseignements comportait de nombreux risques et défis. Les nazis employaient eux-mêmes un vaste réseau d'informateurs, ce qui rendait difficile pour la Résistance de séparer les amis des ennemis. La Gestapo, la police secrète allemande, a utilisé la peur et l'intimidation pour contraindre les individus à trahir la Résistance, créant une atmosphère de suspicion constante. Pour contrer cette menace, les groupes de résistance ont mis en place des processus de vérification rigoureux pour évaluer la fiabilité des informateurs et des espions potentiels. Ces processus comprenaient des vérifications approfondies des antécédents, des évaluations de la moralité et un recrutement par l'intermédiaire d'intermédiaires de confiance. Bien qu'elles ne soient pas infaillibles, ces mesures ont donné un certain niveau de confiance à ceux qui fournissaient des renseignements cruciaux à la Résistance.

Les répercussions d'être pris en train de recueillir ou de fournir des renseignements étaient graves : l'emprisonnement, la torture ou même la mort attendaient ceux qui étaient découverts. Cette menace constante a exercé une pression immense sur les membres de la résistance qui recueillent des informations et sur ceux qui les traitent, soulignant l'importance de la confiance et du secret au sein des réseaux. La Résistance a élaboré des plans d'évacuation élaborés et des positions de repli pour assurer la sécurité des agents s'ils étaient compromis. Ces plans envisageaient des identités alternatives, des refuges et des voies d'évacuation d'urgence sur lesquelles les membres de la Résistance pouvaient compter dans des situations difficiles.

Dans de nombreux cas, la collecte de renseignements est allée de pair avec des actes de sabotage. Les combattants de la résistance frappaient stratégiquement les lignes de chemin de fer, les usines ou les centres de communication, pour perturber l'effort de guerre allemand. Les informations recueillies les ont aidés à planifier efficacement ces opérations, maximisant ainsi leurs chances de succès tout en minimisant les risques pour des vies innocentes. Cette coordination entre la collecte de renseignements et les actes de sabotage nécessitait une planification méticuleuse et une exécution minutieuse, chaque opération s'appuyant sur des informations précises et opportunes.

Les opérations de renseignement menées par la Résistance française ont non seulement fourni des informations précieuses aux Alliés, mais ont également servi à démontrer la résilience et la détermination du peuple français face à l'adversité. Malgré la menace constante d'être découverts et la crainte de représailles, ces individus courageux ont continué à recueillir des renseignements, alimentant l'espoir d'une éventuelle libération.

En explorant les histoires des personnes impliquées dans la collecte de renseignements, nous découvrons leurs défis, leurs triomphes et leurs sacrifices. Leurs efforts, souvent menés dans le secret et au péril de leur vie, font partie intégrante du récit plus large de la résistance contre l'occupant nazi. Leur engagement indéfectible envers la cause nous rappelle le pouvoir de l'information et les efforts extraordinaires que les individus sont prêts à déployer pour lutter pour la liberté et la justice.

Dans le chapitre suivant, nous plongeons dans le monde complexe des opérations secrètes et des plans complexes conçus par la Résistance pour perturber le régime nazi. La résistance française visait à affaiblir le contrôle allemand et à inspirer l'espoir aux opprimés par des sabotages audacieux et des attaques calculées contre les institutions occupées.

Références de recherche et de lectures complémentaires :

1. « Sœurs dans la Résistance : comment les femmes se sont battues pour libérer la France, 1940-1945 ». Margaret Collins Weitz. John Wiley & Sons, Inc. 1995.

2. « Une vie en secrets : l'histoire de Vera Atkins et des agents perdus du SOE ». Sarah Helm. Little, Brown Book Group. 2006. Note : Fournit un aperçu du Special Operations Executive (SOE) et de ses réseaux, y compris ses opérations en France.

3. « La Résistance : la lutte française contre les nazis ». Matthew Cobb. Simon & Schuster Royaume-Uni. 2009. Note : Offre une vue d'ensemble complète de la résistance française, mentionnant l'aspect renseignement du mouvement.

4. « Guerriers de l'ombre : la guerre secrète en France, du jour J à la libération de Paris ». William B. Breuer. Presidio Press. 2003. Remarque : Se concentre sur les opérations secrètes, y compris l'espionnage, qui ont eu lieu avant et après le jour J.

DE L'OMBRE À LA LIGNE DE FRONT

Les combattants de la Résistance rejoignent les forces alliées

Tout au long des années les plus sombres de l'occupation nazie en France, les membres de la Résistance française se sont battus avec acharnement pour saper l'emprise énigmatique des occupants. Leurs efforts inlassables allaient du sabotage à la collecte de renseignements, le tout dans un seul but : la libération. Cependant, au fur et à mesure que la guerre progressait, de nombreux résistants ont ressenti le besoin de faire passer leur combat au niveau supérieur en rejoignant les forces alliées sur la ligne de front. Ce chapitre explore les motivations, les défis et les efforts héroïques de ces individus alors qu'ils passaient de l'ombre de la Résistance aux dures réalités de la guerre.

Pour de nombreux résistants, rejoindre les forces alliées était une progression naturelle dans leur lutte contre la tyrannie. La collaboration entre les groupes de résistance et les armées alliées a non seulement renforcé l'effort collectif contre les Nazis, mais a également donné aux individus un sens du but et de la camaraderie. En rejoignant la ligne de front, les résistants espéraient contribuer directement à la libération de leur patrie et mettre fin aux atrocités commises sous le régime nazi.

Cependant, le passage du monde clandestin de la Résistance à l'environnement structuré d'une unité militaire n'a pas été sans défis. De nombreux résistants avaient opéré dans de petites cellules indépendantes où les décisions étaient prises collectivement et sans structure hiérarchique. La transition vers la vie militaire impliquait de se soumettre à une chaîne de commandement stricte, de suivre les ordres et d'adhérer à la discipline militaire : un ajustement important pour ceux qui étaient habitués à la liberté d'action. Pourtant, malgré ces défis, leur détermination inébranlable et leur capacité d'adaptation les ont propulsés vers l'avant.

L'un des principaux défis auxquels ont été confrontés les combattants de la Résistance qui ont rejoint les forces alliées était l'intégration. Beaucoup de ces personnes avaient vécu une vie secrète sous la menace constante d'être détectées, s'appuyant sur des pseudonymes et des identités cachées. Maintenant, ils devaient révéler leur véritable identité et naviguer dans le processus souvent complexe de rejoindre les rangs de l'armée. Ce processus impliquait de la paperasse, des examens médicaux et des entretiens approfondis pour évaluer leurs compétences, leurs expériences et leur engagement envers la cause. C'était un test de leur détermination et de leur détermination à passer de l'ombre à la ligne de front sans heurts.

Une fois acceptés, les Résistants se sont retrouvés à s'entraîner aux côtés de camarades soldats d'horizons différents, dont certains n'étaient pas au courant de la vie secrète qu'ils avaient menée. Un équilibre délicat existait entre le désir de partager leurs expériences dans le cadre de la résistance et la nécessité de maintenir la sécurité opérationnelle. Alors que certains ont trouvé du réconfort et de la compréhension auprès d'autres vétérans de la clandestinité, d'autres se sont sentis isolés et ont eu du mal à exprimer le poids de leurs expériences à ceux qui n'avaient pas partagé leur parcours. Ce conflit interne a façonné leurs interactions avec leurs camarades et a mis en évidence l'impact émotionnel que le travail de résistance avait eu sur eux.

La résilience, l'adaptabilité et la pensée stratégique des combattants de la Résistance se sont bien traduites dans les dures réalités de la guerre. Une fois déployés sur la ligne de front, ils ont dû faire face à des batailles brutales, bravant les conditions les plus difficiles et étant témoins de près des atrocités de la guerre. L'expérience du travail de résistance clandestine avait aiguisé leur instinct de survie, les rendant aptes à naviguer dans des situations dangereuses, se fiant souvent à leur intuition et à leur vivacité d'esprit. Ils étaient les héros méconnus, infiltrant les lignes ennemies, recueillant des renseignements cruciaux et participant à des opérations spécialisées pour affaiblir l'emprise de l'ennemi sur les territoires occupés.

De nombreux combattants de la Résistance ont été déployés en tant que parachutistes, parachutant derrière les lignes ennemies pour perturber les opérations nazies et fournir un soutien vital aux forces alliées qui avançaient. Leur connaissance de la géographie, des réseaux et de l'infrastructure locaux s'est avérée inestimable pour cibler les principales installations et centres de communication allemands. Leurs compétences clandestines, telles que les techniques de sabotage, la contrefaçon et les tactiques d'évasion, ont été perfectionnées, assurant un impact maximal contre les occupants.

Pourtant, le passage du monde clandestin de la résistance au théâtre ouvert de la guerre ne s'est pas fait sans sacrifices. De nombreux résistants ont payé le prix ultime, perdant la vie au combat ou étant victimes de représailles nazies. Leurs noms ne sont peut-être pas très connus, mais leur dévouement et leur courage inébranlables restent gravés dans les annales de l'Histoire. Leurs histoires sont un rappel poignant du lourd tribut que la guerre impose aux individus et de l'impact profond du mouvement de résistance sur le paysage européen.

La bravoure et le dévouement des Résistants qui ont rejoint les forces alliées ne sont pas passés inaperçus. Leurs compétences uniques, acquises au cours d'années d'opérations clandestines, étaient précieuses pour l'armée. Leur compréhension du paysage local, leur connaissance des activités de l'ennemi et leur expérience des opérations secrètes se sont avérées indispensables dans la lutte contre les nazis. De plus, leur présence sur la ligne de front symbolisait l'espoir et la résilience, inspirant les autres à résister et renforçant la conviction que la liberté l'emportera sur l'oppression.

Les histoires de combattants de la Résistance qui passent de l'ombre à la ligne de front témoignent de l'endurance et de la détermination humaines. Leur sacrifice et leur courage nous rappellent la force collective qui peut être atteinte lorsque des individus s'unissent pour une cause commune. Ils incarnent l'esprit de résistance et nous rappellent à tous la résilience de l'esprit humain, même face à une adversité inimaginable. Leur héritage sera à jamais lié à la lutte pour la liberté et au triomphe du bien sur le mal. Leurs actions serviront de rappel éternel que des individus ordinaires peuvent réaliser des exploits extraordinaires et qu'aucun obstacle n'est insurmontable lorsqu'ils sont confrontés à une détermination inébranlable et à la conviction que la liberté vaut la peine d'être combattue.

Références de recherche et de lectures complémentaires :

François Kersaudy. *De Gaulle et Churchill : La Mésentente Cordiale.*

Paris, Éditions Perrin, 2003 : explore les relations entre ces deux personnages clés pendant la guerre, y compris leurs interactions avec la Résistance française.

Cobb, Matthieu. *La Résistance.* Londres, Pocket Books, 2010, offrant un examen détaillé du rôle et des activités de la Résistance française pendant la Seconde Guerre mondiale.

Callil, Carmen. *Mauvaise foi.* Vintage, 10 déc. 2008.

LES FEMMES DANS LA RÉSISTANCE

Courage et contribution

Tout au long de l'histoire, les femmes se sont souvent retrouvées dans l'ombre, leurs réalisations oubliées ou sapées. Pourtant, dans le récit de la Résistance française pendant la Seconde Guerre mondiale, les femmes sont apparues comme des figures exceptionnelles, essentielles et résolues dans leur lutte contre l'occupation nazie. Leur bravoure, leur intelligence et leur détermination inégalées ont brisé les frontières traditionnelles entre les sexes et mis en valeur le rôle crucial des femmes dans la Résistance.

Les femmes ont dû faire face à de nombreux défis dans leur lutte contre des occupants impitoyables dans une société principalement dominée par les hommes. Non seulement ont-ils été confrontés aux dangers des opérations clandestines, mais ils ont également dû défier les normes sociétales qui les enfermaient dans des rôles de genre strictement définis. Néanmoins, ils s'élèvent au-dessus de ces obstacles, affirmant leur caractère indispensable au succès de la Résistance.

Une facette remarquable de l'engagement des femmes dans la Résistance était leur habileté à se fondre parfaitement dans leurs communautés. Capitalisant sur leurs rôles de mères, de filles, d'épouses et d'ouvrières, elles ont secrètement recueilli des informations vitales. Ils sont devenus des héros discrets, leurs actes de défi et de courage étant souvent négligés par les forces d'occupation.

Les femmes de la Résistance ont utilisé diverses méthodes ingénieuses pour recueillir des renseignements. Les mères, se faisant passer pour des citoyennes ordinaires, exploitaient leurs relations dans les écoles, les groupes religieux et d'autres rassemblements sociaux pour soutirer discrètement des bribes d'informations aux soldats ou aux collaborateurs allemands. Leur sens aigu de l'observation et leur compréhension de la dynamique du pouvoir au sein de leurs communautés leur ont permis de discerner des détails essentiels, qu'ils ont transmis aux chefs de la Résistance.

Les coursières ont joué un rôle central dans le maintien des réseaux de communication et la fluidité de la circulation de l'information entre les factions de la Résistance. Ces femmes ont courageusement emprunté des chemins dangereux dans les centres urbains et les campagnes, agissant comme des agents de liaison inestimables. En naviguant habilement dans les voies clandestines, ils transportaient des messages, des photographies et des armes et coordonnaient les mouvements des membres de la Résistance. Leur capacité à se fondre dans l'arrière-plan, souvent en se faisant passer pour des individus ordinaires, leur a donné un avantage difficilement atteignable par leurs homologues masculins.

De plus, la remarquable capacité des femmes à tromper et à manipuler s'est avérée déterminante pour le succès de la Résistance. De nombreuses femmes ont pris de fausses identités, assumant des rôles qui leur permettaient d'accéder à des informations vitales ou de s'infiltrer dans l'ennemi. Elles sont devenues expertes dans l'art du subterfuge tout en participant à des actes d'espionnage, jouant un double rôle de secrétaires, d'infirmières ou même de femmes de chambre dans des bâtiments occupés par les Allemands. Ces femmes courageuses risquaient d'être découvertes tous les jours, sachant que la découverte signifiait une mort certaine. Pourtant, ils sont restés résilients, déterminés à saper les occupants et à protéger leurs compatriotes.

Fait remarquable, les femmes ont également assumé des rôles de combat actifs, rejoignant des groupes de résistance armés et se livrant à des actes de sabotage. Ces personnes intrépides ont risqué leur vie aux côtés de leurs camarades masculins, leur résilience et leur courage brillaient dans des circonstances périlleuses. Qu'ils manient des armes à feu, posent des explosifs ou se livrent à des actes de guerre partisane, ils se révèlent être de redoutables adversaires de la tyrannie. Ces héroïnes, combattant côte à côte avec les hommes, ont brisé la perception des femmes comme faibles, exigeant la reconnaissance et le respect de leur dévouement et de leur vaillance.

Il est crucial de reconnaître que les femmes de la Résistance ont été confrontées à des dangers et à des défis distincts en raison de leur sexe. S'ils étaient capturés, ils étaient non seulement soumis à l'emprisonnement et à la torture, mais ils subissaient également d'autres formes d'abus, tels que des violences sexuelles. Malgré ces perspectives terrifiantes, ces femmes ont persévéré, pleinement conscientes des conséquences potentielles de leurs actes. Leur résilience et leur engagement indéfectible envers la cause ont démontré la force et la détermination qui les habitaient.

L'apport des femmes dans la Résistance est incommensurable. En plus de fournir des renseignements vitaux, ils ont inspiré d'autres personnes à se joindre à la lutte contre l'oppression nazie. Leurs actions ont défié les attentes sociétales et ont ouvert la voie à une plus grande égalité des sexes dans la France d'après-guerre. Les histoires remarquables de ces femmes courageuses résonnent profondément avec leurs racines de courage et de bravoure.

En reconnaissant et en soulignant leur rôle dans la Résistance, nous honorons leur mémoire et inspirons les générations actuelles et futures à s'opposer à l'injustice. Ces femmes incroyables nous rappellent que la force défie le genre, et face à l'adversité, chaque individu possède la capacité d'avoir un impact durable. Leur héritage est un témoignage puissant de l'esprit indomptable des femmes, à jamais tissé dans les annales de la lutte courageuse de la Résistance française pour la liberté.

Références de recherche et de lectures complémentaires :

1. Reid, Donald. *Germaine Tillion, Lucie Aubrac et la politique des mémoires de la Résistance.* Cambridge Scholars Publishing, 26 mars 2009.

2. Les femmes dans la Résistance française : revisiter les archives historiques, par Peninah Scheinberg (Journal of Contemporary History, vol. 47, n° 4, 2012).

3. « Nursing Clio Women in the French Resistance », par Nursing Clio (Nursing Clio, 2019).

4. Cinq femmes héroïques de la Résistance française, Sarah Roller. 30 mai 2023 : https://www.historyhit.com/heroic-women-of-the-french-resistance/

5. Out of the Shadows : Women in the French Resistance » (Sortir de l'ombre : les femmes dans la Résistance française) : The Local France. 2 mars 2023. https://www.thelocal.fr/20230302/out-of-the-shadows-women-in-the-french-resistance

6. Sortir de l'ombre : les femmes dans la Résistance française. (France 24, 2022) : https://www.france24.com/en/live-news/20230302-out-of-the-shadows-women-in-the-french-resistance

ESPIONNAGE ET RENSEIGNEMENT

L'importance de la collecte d'informations et de renseignements a été primordiale pour le succès de la Résistance française pendant l'occupation nazie. Dans ce chapitre, nous explorerons le rôle vital des espions et le travail crucial effectué par le Special Operations Executive (SOE).

L'information, c'est le pouvoir, et la Résistance a compris l'importance d'obtenir des renseignements précis et opportuns. Sans informations fiables, leurs efforts pour saboter la machine de guerre nazie et soutenir les forces alliées auraient été considérablement entravés. La Résistance s'appuyait sur un réseau d'espions et d'informateurs qui risquaient leur vie pour recueillir des détails cruciaux sur les mouvements de l'ennemi, les plans militaires et d'autres informations stratégiques.

Le SOE, créé par le gouvernement britannique en 1940, a joué un rôle central dans le soutien et la coordination des efforts de renseignement. Son objectif principal était d'aider les mouvements de résistance dans les territoires occupés par les Nazis par l'espionnage, le sabotage et la subversion. Le SOE est devenu un allié essentiel de la Résistance française, fournissant une formation, des ressources et des conseils opérationnels.

Le SOE a formé et déployé des agents, souvent appelés « espions » ou « pianistes », qui ont infiltré les zones contrôlées par les Nazis et ont opéré dans le secret. Ces agents venaient d'horizons très divers, y compris des militaires, des linguistes, des universitaires et même des citoyens ordinaires désireux de se joindre à la lutte contre le régime nazi. Leur mission était de recueillir des renseignements, de recruter des résistants locaux et de mener des actes de sabotage.

Les agents ont suivi une formation rigoureuse sur divers aspects de l'espionnage et des opérations clandestines. Ils devaient apprendre la cryptographie, les techniques de combat, la communication radio et les méthodes de sabotage. Le SOE a également équipé les agents d'outils spécialisés, notamment des caméras cachées, des radios miniatures et des codes pour les communications secrètes. Ces moyens ont permis aux agents de se fondre dans la population civile et d'accomplir leurs missions sans être détectés.

On ne saurait trop insister sur l'importance de la collecte de renseignements. Il a fourni à la Résistance des informations essentielles pour planifier des missions de sabotage réussies, perturber les lignes d'approvisionnement ennemies et protéger des cibles vulnérables. Les connaissances acquises grâce à l'espionnage ont permis à la Résistance de lancer des attaques coordonnées, de créer des diversions et d'atténuer l'impact des offensives allemandes. La vie des combattants de la Résistance et des civils innocents dépendait souvent de l'exactitude et de l'actualité des informations recueillies.

Le SOE a collaboré étroitement avec les réseaux locaux de la Résistance, en s'appuyant sur leur connaissance de la région et leurs contacts. Cette collaboration a été essentielle pour instaurer la confiance et obtenir des informations fiables. Les membres de la Résistance locale ont servi d'« yeux et d'oreilles » sur le terrain, fournissant des informations précieuses sur les mouvements de l'ennemi, la force des troupes et les cibles stratégiques. Ils fournissaient aux agents du SOE des informations cruciales et assuraient la liaison entre le SOE et le réseau plus large de la Résistance.

L'un des principaux défis auxquels la Résistance et le SOE étaient confrontés était la menace constante d'infiltration et de trahison. La Gestapo et d'autres agences de renseignement nazies ont activement cherché à démanteler les réseaux de la Résistance en implantant des agents doubles et en utilisant diverses méthodes de tromperie. Cela a créé une atmosphère de tension constante et a forcé la Résistance à faire preuve d'une extrême prudence lors du partage d'informations sensibles.

Le SOE a établi des protocoles de sécurité rigoureux et mis en place des processus de filtrage rigoureux pour lutter contre cette menace. Les agents et les membres de la résistance ont fait l'objet d'un contrôle approfondi et des codes et des méthodes de communication élaborés ont été mis en œuvre pour réduire le risque de compromission des informations. Le SOE a formé des agents pour la détection et pour la lutte contre les efforts de renseignement de l'ennemi, soulignant l'importance du maintien de la sécurité opérationnelle. Malgré ces mesures, le danger constant des informateurs et des infiltrés hante toutes les opérations et les décisions prises par la Résistance.

Les renseignements recueillis par la Résistance et le SOE se sont avérés précieux pour le succès des forces alliées. Les informations relatives aux mouvements de troupes, à l'emplacement des installations militaires et aux voies d'approvisionnement en armes permettent à la Résistance, en collaboration avec les armées alliées, de planifier des attaques ciblées et de perturber les opérations nazies. Ces renseignements étaient soigneusement relayés par divers canaux, impliquant souvent des messages codés transmis par radio ou par des messagers déguisés.

Cependant, si le rôle de l'espionnage et du renseignement était crucial, il présentait également des dilemmes éthiques pour les combattants de la Résistance. Ils ont dû trouver un équilibre entre la nécessité d'obtenir des informations cruciales et le risque de mettre en danger leur propre vie et celle de civils innocents. Certains membres de la Résistance ont dû prendre des décisions difficiles lorsqu'ils se sont engagés avec des sympathisants ou des collaborateurs nazis, car ils ont dû peser le bénéfice potentiel du renseignement par rapport à la possibilité d'une trahison.

Tout au long de l'occupation nazie, les efforts de la Résistance et du SOE pour recueillir des renseignements ont joué un rôle important dans l'affaiblissement du contrôle nazi sur la France. Ils ont fourni aux Alliés des informations vitales qui les ont aidés à prendre des décisions stratégiques et à allouer des ressources. Les informations recueillies par les espions et les résistants se sont également avérées essentielles pour préparer la libération éventuelle de la France.

Le rôle vital des espions et le travail crucial effectué par le Special Operations Executive (SOE) pour le succès de la Résistance française pendant l'occupation nazie peuvent être résumés comme suit :

– Le SOE a été créé en 1940 par le Premier ministre britannique Winston Churchill pour mener des activités d'espionnage, de sabotage et de construction de réseaux de résistance dans l'Europe occupée par les nazis, y compris la France. Il recrutait et entraînait des agents, dont de nombreuses femmes, pour qu'ils soient parachutés derrière les lignes ennemies et soutiennent les groupes de résistance locaux.

– En France, le SOE a participé à la construction de l'un des plus grands réseaux de résistance, Alliance, dirigé par Marie-Madeleine Fourcade. Des agentes du SOE comme Noor Inayat Khan et Odette Sansom ont courageusement mené des missions dangereuses en France, agissant en tant qu'opératrices radio, coursières et plus encore.

– Les agents du SOE ont fourni des renseignements essentiels sur les défenses allemandes, les mouvements de troupes, les lignes d'approvisionnement, les moyens de transport et de communication, ce qui était vital pour le débarquement du jour J et au-delà. Ils ont organisé le sabotage des infrastructures pour perturber les forces allemandes.

– En fournissant des armes, des explosifs et de l'équipement, le SOE a permis à la Résistance française de mener des opérations clés de sabotage et de guérilla qui ont distrait et perturbé les forces allemandes, en particulier avant le jour J. Cela a contribué à retarder l'arrivée des renforts allemands dans la zone d'invasion de la Normandie.

– Les activités de résistance organisées par le SOE, telles que l'opération Jedburgh, coordonnaient les forces de résistance locales pour combattre aux côtés de l'invasion alliée, facilitant ainsi une avancée rapide à travers la France.

– Le SOE a encouragé et soutenu le travail de la Résistance française, qui a joué un rôle essentiel dans la collecte de renseignements, le sabotage et la subversion de l'occupation allemande. Cette contribution politique et militaire a été cruciale pour la libération de la France.

Références de recherche et de lectures complémentaires :

1. Burton, Kristen D. 2020. « Sirène de la Résistance : l'art et l'espionnage de Joséphine Baker. » Le Musée national de la Seconde Guerre mondiale | Nouvelle-Orléans. 1er février 2020. https://www.nationalww2museum.org/war/articles/siren-resistance-artistry-and-espionage-josephine-baker.

2. Haynes, Suyin. 2020. « Dans les histoires des femmes espionnes les plus audacieuses de la Seconde Guerre mondiale. » HEURE. 2 octobre 2020. https://time.com/5892932/a-call-to-spy-real-history/.

3. Musée national de l'Armée. 2019. « Exécutif des opérations spéciales | Musée national de l'Armée. Nam.ac.uk. 2019. https://www.nam.ac.uk/explore/SOE.

4. La presse d'histoire. 2019. « La presse de l'histoire | L'espionnage et le SOE. Thehistorypress.co.uk

. 2019. https://www.thehistorypress.co.uk/world-war-ii/e spionage-and-the-soe/.

5. « Seven Stories from Special Operations Executive », s.d. Imperial War Museums. https://www.iwm.org.uk/history/ seven-stories-from-special-operations-executive.

6. « SOE : L'organisation secrète britannique de la Seconde Guerre mondiale ». Musées impériaux de la guerre. 2023. https://www.iwm.org.uk/history/soe-the-secret-bri tish-organisation-of-the-second-world-war.

7. Mundy, Liza. 2019. « Les espionnes de la Seconde Guerre mondiale et leurs secrets. » L'Atlantique. L'Atlantique. 12 mai 2019. https://www.theatlantic.com/magazine/archiv e/2019/06/female-spies-world-war-ii/588058/.

8. Musées impériaux de la guerre. 2018. « Espions, saboteurs et D-Day ». Musées impériaux de la guerre. 2018. https:// www.iwm.org.uk/history/spies-saboteurs-and-d-day.

9. Sauvage, Deborah. 2022. « Des femmes qui ont tout risqué : les espionnes de la Seconde Guerre mondiale. » Www.lapl.org. 10 mars 2022. https://www.lapl.org/collections-resources/blogs/lapl/wo men-who-risked-everything-female-spies-world-war-two .

10. Durn, Sarah. 2022. « Les espionnes qui ont aidé à gagner la Seconde Guerre mondiale. » Atlas Obscura. 5 avril 2022. https://www.atlasobscura.com/articles/female-spi es-world-war-2.

11. Laurenceau, Marc. 2016. « Résistance française en Normandie - Jour J. » D-Day Overlord. 2016. https://www.dday-overlord.com/en/battle-of-normandy/resistance.

12. Weiss, Steve. 2015. « La résistance dans le cadre de la planification anglo-américaine pour la libération de l'Europe du Nord-Ouest ». Sous la direction de Christian Bougeard et Jacqueline Sainclivier. Livres OpenEdition. Rennes : Presses universitaires de Rennes. 9 juillet 2015. https://books.openedition.org/pur/16351?lang=en.

13. Ministère des Affaires étrangères et du Commonwealth, Conseiller du SOE, du Foreign Office, du SOE, du Foreign Office, du Special Operations Executive, et du ministère de la Guerre économique, Special Operations Executive. 1936. « Dossiers de l'exécutif des opérations spéciales. » Archives nationales (Royaume-Uni). 1936. https://discovery.nationalarchives.gov.uk/details/r/C153.

Confronter la collaboration

Dilemmes et choix moraux

Pendant l'occupation nazie de la France, la Résistance a rencontré un défi de taille : la collaboration. Cela impliquait que des individus ou des groupes s'alignent sur la force d'occupation, activement ou passivement. Bien qu'il ne soit pas propre à la Seconde Guerre mondiale, ce phénomène a existé dans la guerre et l'occupation tout au long de l'histoire. Cependant, sa compréhension politique et historiographique a été influencée par les événements de la Seconde Guerre mondiale et ses conséquences.

Pendant l'occupation de la France, les gens ont collaboré avec les Nazis de diverses manières. Certains ont aidé les Nazis à identifier et à appréhender des membres de la résistance, tandis que d'autres ont cherché un gain personnel et une protection en coopérant avec l'ennemi. De nombreux facteurs influençaient la collaboration, notamment la peur des représailles, la nécessité économique, les différences idéologiques ou le désir de pouvoir ou de statut. Ces facteurs pourraient exercer une pression même sur ceux qui sont initialement sympathiques à la cause de la résistance.

Deux caractéristiques principales ressortissent. Tout d'abord, les dirigeants français étaient fortement incités à collaborer parce que l'Allemagne avait une domination militaire et était prête à punir la non-coopération. Il semblait peu probable que la résistance ou la collaboration française modifie le cours de la guerre et les chances de libération. Deuxièmement, la politique intérieure a joué un rôle important dans l'acquiescement français. Il y avait beaucoup plus de résistants et d'actes de sabotage ferroviaire dans les départements de gauche que dans les départements de droite.

Après la défaite de la France face à l'Allemagne en 1940, le gouvernement de Vichy est mis en place et collabore avec l'Allemagne. Malgré les opportunités de continuer à se battre ou de faire défection de l'orbite allemande plus tard, les élites françaises ont largement soutenu cette collaboration, tandis que la masse des citoyens français nationalistes l'a passivement accueillie. Cependant, alors que la guerre s'éternisait et que les conditions de vie en France se détérioraient, l'opinion publique se retourna contre le gouvernement de Vichy et les forces d'occupation allemandes. Tout au long de l'occupation, la Résistance française, travaillant principalement de concert avec le mouvement de la France libre basé à Londres, s'est renforcée.

Les groupes de résistance étaient actifs dans toute la France occupée par les Allemands et ont apporté d'importantes contributions à l'invasion alliée de la Normandie en juin 1944. Des membres de la Résistance fournissent aux Alliés des renseignements sur les défenses allemandes et commettent des actes de sabotage pour perturber l'effort de guerre allemand. Malgré les résistances, de nombreux citoyens français ont choisi la collaboration, qui a été minimisée dans une large mesure après 1945 par Charles de Gaulle et ses partisans.

Après la guerre, la poursuite des collaborateurs nazis a été motivée par plusieurs motifs, notamment la vengeance pour ceux qui ont été assassinés, le désir de voir les responsables traduits en justice et un moyen de s'assurer que les actes criminels soient mis en lumière et consignés dans les archives officielles[7]. De nombreux criminels de guerre n'ont été jugés que dans les années 1980, notamment Paul Touvier, Klaus Barbie, Maurice Papon et son adjoint Jean Leguay[7].

En conclusion, la question de la collaboration pendant l'occupation nazie de la France était complexe et multiforme, impliquant un éventail de motivations et de réponses de différentes sections de la société française. Il reste un aspect significatif de l'histoire et de la mémoire de la Seconde Guerre mondiale en France.

Dilemme éthique

Pour les Résistants, la collaboration posait des questions morales difficiles. La collaboration devrait-elle être considérée comme une trahison, ou devrait-il y avoir de la place pour comprendre la complexité des choix individuels dans des circonstances aussi difficiles ? Alors que la collaboration était perçue par beaucoup comme une trahison de l'esprit français et de la lutte pour la libération, il était essentiel pour la Résistance de naviguer dans ce champ de mines moral avec sagesse et sensibilité.

Il faut tenir compte des conséquences de la catégorisation des individus uniquement en tant que collaborateurs, car il y a eu des cas où la ligne s'est estompée. Certaines personnes ont collaboré parce qu'elles craignaient pour leur propre vie ou celle de leurs proches. Ils ont été confrontés au choix impossible de coopérer avec l'ennemi pour assurer leur survie tout en nourrissant secrètement de la sympathie pour la cause de la résistance. Sous la façade de la collaboration, ils ont peut-être fourni des informations cruciales pour saper les opérations nazies ou protéger les membres de la résistance de la capture. Leur collaboration est devenue un camouflage, leur permettant d'opérer à l'intérieur de la toile ennemie, multipliant ainsi leur potentiel d'impact positif.

D'autres, malgré leur collaboration, ont peut-être possédé une compréhension profonde de la mission et des objectifs de la Résistance. Conscients des enjeux, ils s'engagent dans le sabotage et la subversion, contraints par une double allégeance. Leurs actions étaient enracinées dans l'équilibre délicat entre la survie personnelle et un engagement inébranlable envers la libération de leur patrie. Ces individus se sont exposés à de graves risques, utilisant leur collaboration comme un véhicule secret pour fournir des renseignements, déstabiliser les Nazis et sauver d'innombrables vies.

La Résistance, quant à elle, était confrontée à la tâche difficile de faire la distinction entre les collaborateurs vraiment repentants et ceux dont les actions étaient irrécupérables. Dans certains cas, des procès ont eu lieu après la libération pour déterminer le degré de collaboration et punir ceux qui avaient activement nui à la résistance. Pourtant, même ces procès n'ont pas été sans controverse, car certains ont fait valoir que les conditions de l'occupation avaient forcé les citoyens ordinaires à faire des choix impossibles. Les chefs de la Résistance ont réfléchi aux implications morales de leur quête de justice, cherchant un équilibre entre le châtiment et la compassion. Ils ont dû naviguer sur la fine ligne entre tenir les individus responsables de leurs actes et reconnaître l'enchevêtrement de la peur et des circonstances qui dominent souvent leurs choix.

La collaboration a également mis la Résistance face à face avec la question du pardon. Ceux qui avaient collaboré à l'époque de l'occupation pourraient-ils être rachetés et réintégrés dans la société après la libération ? La Résistance a dû naviguer dans cette question, en soupesant le besoin de justice par rapport au potentiel de réconciliation dans une nation divisée. Les défis de la reconstruction d'après-guerre et du rétablissement d'un sentiment d'identité nationale semblaient parfois insurmontables. Le pardon exigeait de pardonner aux collaborateurs individuels et de s'attaquer à la culpabilité et à la honte collectives qui pesaient sur une société hantée par leur collaboration. Les leaders de la résistance ont compris l'importance de construire un récit qui reconnaisse la nuance et la complexité de la collaboration sans compromettre les valeurs de justice et de mémoire.

Alors que la guerre se terminait et que la France sortait de l'ombre de l'occupation, le pays était confronté à la tâche difficile de la reconstruction et de la réconciliation. La mémoire collective de la collaboration et le traumatisme de l'occupation laisseront de profondes cicatrices sur la société française. Les dilemmes et les choix moraux auxquels ils ont été confrontés pendant cette période ont continué à résonner, mettant au défi les individus et les communautés de faire face à leur complicité ou à leur résistance face à l'oppression.

Références de recherche et de lectures complémentaires :

1. Kocher, Matthew Adam, Adria K. Lawrence et Nuno P. Monteiro. 2018. « Nationalisme, collaboration et résistance : la France sous l'occupation nazie ». *Sécurité internationale* 43 (2) : 117–50. https://doi.org/10.1162/isec_a_00329.

2. Musées impériaux de la guerre. 2018. « Espions, saboteurs et D-Day ». Op.cit.

3. Lenaburg, Jerry. s.d. « Une critique de livre par Jerry Lenaburg : Combattants dans l'ombre : une nouvelle histoire de la résistance française », p. Www.nyjournalofbooks.com. Consulté le 28 novembre 2023. https://www.nyjournalofbooks.com/book-review/fighters-shadows.

4. Gerwarth, R. et Gildea, R. (2018). Introduction. *Revue d'histoire européenne moderne.* https://doi.org/10.17104/1611-8944-2018-2-175

5. Barno, David W. , et Nora Bensahel . 2019. « Leçons puissantes de la semaine de relâche dans la France de la Seconde Guerre mondiale. » La guerre sur les rochers. 23 avril 2019. https://warontherocks.com/2019/04/powerful-lessons-from-spring-break-in-world-war-ii-france/.

6. Boissoneault, Lorraine. 2017. « La France de Vichy était-elle un gouvernement fantoche ou un collaborateur nazi consentant ? » Smithsonian. Smithsonian.com. 9 novembre 2017. https://www.smithsonianmag.com/history/vichy-government-france-world-war-ii-willingly-collaborated-nazis-180967160/.

LIBÉRATION

L'impact et l'héritage de la Résistance française

Le moment de la libération en France a marqué le succès ultime de la Résistance française et a marqué le début de la fin pour l'occupant nazi. L'impact de la Résistance sur la libération de la France ne peut être sous-estimé : c'était une force de transformation qui a non seulement affaibli les forces allemandes, mais a également servi d'inspiration pour les futures luttes pour la liberté dans le monde entier.

La Résistance française, née d'un esprit farouchement patriotique et déterminé, a opéré de diverses manières en utilisant des méthodes ouvertes et secrètes. Les réseaux souterrains fournissaient des refuges, des canaux de communication et un soutien logistique. Ces réseaux comprenaient divers groupes, y compris des combattants de groupes de résistance précédemment organisés comme les communistes et les gaullistes et des citoyens ordinaires qui se sont ralliés à la cause. Ils ont formé un front uni contre les occupants, animés par une vision commune de la reconquête de leur pays.

Les Résistants ont assumé divers rôles, chacun contribuant à l'objectif global de libération de la France. Leurs actes de sabotage contre des infrastructures et des cibles militaires étaient à la fois perturbateurs et démoralisants pour les forces d'occupation. Le ciblage d'installations allemandes clés, de centres de communication et de lignes d'approvisionnement a entravé la capacité de l'ennemi à soutenir ses troupes et à combattre efficacement. Les lignes de chemin de fer ont été sabotées, les ponts stratégiques détruits et les dépôts de munitions rendus inutilisables. Ces actions exigeaient souvent un courage et une ingéniosité immenses, car les tentatives de sabotage devaient être exécutées rapidement et sans être détectées, souvent sous l'œil vigilant de l'ennemi.

En plus de ses actes de sabotage, la Résistance s'est concentrée sur la collecte de renseignements vitaux. Des opérations secrètes ont été menées, les membres de la résistance infiltrant les organisations contrôlées par les Allemands et collaborant même avec des agents doubles. Ils ont risqué leur vie pour fournir des informations cruciales aux Alliés, leur permettant de planifier leurs stratégies militaires et d'optimiser leur approche au fur et à mesure de leur avancée en France. Ces renseignements se sont avérés essentiels lors de la planification et de l'exécution de l'invasion du jour J, car la Résistance a fourni des informations précieuses sur les défenses ennemies, les mouvements de troupes et les positions fortifiées.

Au fur et à mesure que les forces alliées avançaient à travers le pays, les combattants de la Résistance rejoignaient les lignes de front, travaillant main dans la main avec les armées libératrices. Leur connaissance du terrain local, de la disposition des défenses ennemies et de l'identification des menaces cachées s'est avérée inestimable pour le succès de la campagne militaire. Leur présence a également apporté un coup de pouce au moral des forces alliées et de la population française, car ils symbolisaient l'esprit indomptable et la détermination du peuple français.

La Libération de la France ne s'est pas faite sans sacrifices. De nombreux braves combattants de la Résistance ont perdu la vie dans la dernière poussée pour la liberté. Leurs actes d'héroïsme désintéressés et leur dévouement indéfectible à la cause témoignent de la capacité humaine de courage et de résilience face à l'adversité. Le sacrifice consenti par ces personnes a laissé à jamais une marque indélébile dans la mémoire collective de la nation, avec d'innombrables mémoriaux et plaques commémoratives rappelant le courage et le sacrifice des combattants de la Résistance.

L'impact de la Résistance française sur la libération de la France est allé au-delà de la victoire militaire immédiate. Il a servi de source d'inspiration et d'espoir pour les Français, qui avaient enduré des années d'occupation et d'oppression. La résistance a démontré que la défiance et la résistance étaient possibles et nécessaires face à la tyrannie. Leurs actions ont suscité un regain de courage et d'unité au sein de la population française, renforçant sa détermination à retrouver sa liberté. Cet esprit résolu a infecté les territoires occupés, inspirant des actes de résistance et de défi à travers le pays et réfutant la propagande nazie qui prétendait à la collaboration et à la soumission françaises.

L'héritage de la Résistance française est profondément ancré dans la mémoire collective de la France. Il rappelle à la Nation les choix moraux des individus pendant l'occupation et les conséquences de la collaboration avec l'ennemi. La résistance est un symbole de résistance moralement justifiable contre la tyrannie, exhortant les générations futures à remettre en question l'autorité et à défendre leurs libertés. Les maires des villes de toute la France continuent d'honorer ces hommes et ces femmes courageux en renommant des rues, des places et des espaces publics en leur honneur, afin que leur mémoire perdure dans le cœur de la nation.

Au-delà de la France, l'impact et l'héritage de la Résistance française s'étendent au contexte mondial. Il se dresse comme une lueur d'espoir, démontrant la puissance des mouvements populaires et la force des citoyens ordinaires lorsqu'ils sont unis contre l'injustice. Les actions courageuses des combattants de la Résistance ont servi d'inspiration à d'innombrables luttes pour la liberté et les droits de l'homme dans le monde entier. Des mouvements anticoloniaux aux mouvements pour les Droits civiques, leur héritage continue de résonner, soulignant l'importance de lutter contre l'oppression et de défendre la justice et l'égalité.

En conclusion, la libération de la France a été l'aboutissement d'années de résistance, de sacrifices et de bravoure inébranlables. L'impact de la Résistance française sur le cours de l'histoire est incommensurable, et son héritage servira à jamais de rappel de l'esprit indomptable du peuple français. Le souvenir de leur lutte et de leur sacrifice continuera d'inspirer les générations futures à se battre pour la liberté, la justice et les droits de l'homme, témoignant du pouvoir durable de la résistance et du triomphe de l'esprit humain. La Résistance française est un exemple de la force qui peut émerger des moments les plus sombres et de l'impact transformateur de l'action collective face à l'adversité.

L'impact externe

L'impact de la Résistance française pendant la Seconde Guerre mondiale sur d'autres mouvements de libération nationale peut être vu de plusieurs manières :

1. Inspiration : La Résistance française a inspiré d'autres mouvements de libération nationale, démontrant qu'une résistance déterminée et organisée pouvait défier et affaiblir une puissante force d'occupation. Cela a inspiré d'autres mouvements à se battre pour leur liberté et leur indépendance vis-à-vis des puissances coloniales, comme les Britanniques et les Français.

2. L'utilisation par la Résistance française de la guérilla, du sabotage et de la collecte de renseignements a servi de modèle à d'autres mouvements de libération nationale. Divers mouvements ont adopté ces tactiques dans leurs luttes contre les puissances coloniales, comme les guerres de libération nationale en Asie et en Afrique ou le mouvement de la Résistance islamique (Hamas) contre l'occupation israélienne des territoires pales-

tiniens.

3. Soutien international : le succès de la Résistance française à obtenir le soutien international, en particulier des Alliés, a mis en évidence l'importance de s'assurer un soutien extérieur pour les mouvements de libération nationale. D'autres mouvements ont appliqué cette leçon en cherchant de l'aide auprès de puissances étrangères, comme l'Union soviétique, qui s'est engagée à soutenir les guerres de libération nationale dans le monde entier.

4. Impact politique : le rôle de la Résistance française dans la libération éventuelle de la France a démontré l'impact politique potentiel des mouvements de libération nationale. Cela a encouragé d'autres mouvements à poursuivre leurs objectifs d'indépendance et d'autonomie, ce qui a conduit à la décolonisation de nombreux territoires en Asie et en Afrique après la Seconde Guerre mondiale.

En résumé, l'impact de la Résistance française sur d'autres mouvements de libération nationale a été significatif, fournissant de l'inspiration, des tactiques, des stratégies et des leçons sur l'importance du soutien international et de l'impact politique. Ces leçons ont été appliquées par divers mouvements dans leurs luttes pour l'indépendance vis-à-vis des puissances coloniales, contribuant à la vague de décolonisation qui a balayé l'Asie et l'Afrique après la Seconde Guerre mondiale.

Références de recherche et de lectures complémentaires :

1. « Stratégie - Stratégie et guerres de libération nationale. » s.d. Encyclopedia Britannica. https://www.britannica.com/topic/strategy-military/Strategy-and-wars-of-national-liberation.

2. Manelli, Gani. « La politique partisane dans l'Albanie de la

Seconde Guerre mondiale : la lutte pour le pouvoir, 1939-1944 ». *East European Quarterly* 40, n° 3 (2006): 333+. *Gale Academic OneFile* (consulté le 28 novembre 2023). https://link.gale.com/apps/doc/A153898902/AONE?u=anon~96b4b5c3&sid=googleScholar&xid=a504df7b.

3. « Libération et héritage. » s.d. Le Musée national de la Seconde Guerre mondiale | Nouvelle-Orléans. https://www.nationalww2museum.org/war/articles/liberation-and-legacy.

4. Bureau de l'historien. 2019. « Décolonisation de l'Asie et de l'Afrique, 1945-1960 », State.gov. 2019. https://history.state.gov/milestones/1945-1952/asia-and-africa.

5. Biggio, Jr., Charles P. 1966. « L'URSS ET LE MOUVEMENT DE LIBÉRATION NATIONALE ». *Collège de guerre de l'armée américaine*. https://apps.dtic.mil/sti/pdfs/ADA510154.pdf.

Leçons de l'histoire: Réflexions sur la liberté et la résistance

La lutte pour la liberté et la résistance contre l'oppression a été un thème récurrent tout au long de l'histoire et résonne profondément avec l'esprit humain. Un exemple exemplaire de cette lutte acharnée peut être trouvé dans les actes héroïques de la Résistance française pendant les jours sombres de l'occupation nazie. En explorant cette période historique, nous rencontrons une multitude d'idées profondes qui continuent de nous guider dans notre propre quête de justice et de liberté.

Au cœur de la Résistance française se trouvait le principe fondamental de l'unité. Face à un ennemi redoutable et impitoyable, des individus ordinaires d'origines diverses ont mis de côté leurs différences et ont uni leurs forces dans un effort collectif pour protéger leur terre et leur mode de vie. Les groupes de résistance communiste travaillaient aux côtés des nationalistes conservateurs et les intellectuels collaboraient avec les agriculteurs et les ouvriers d'usine. L'unité qui a émergé de cette alliance improbable a démontré la puissance de l'action collective et l'esprit indomptable qui surgit lorsqu'un objectif commun unit des personnes de tous horizons. C'est une grande leçon pour les Palestiniens qui luttent encore pour leur indépendance, qu'ils n'atteindront pas divisés, mais seulement unis.

La résilience et la persévérance ont été le fondement sur lequel s'est appuyée la résistance française. Face à des obstacles écrasants, les combattants de la Résistance ont bravé la surveillance constante, l'infiltration et la menace constante de trahison. Ils ont compris que leur dévouement à la cause et leur croyance inébranlable dans les droits inhérents à l'humanité exigeaient un engagement inébranlable. Leur extraordinaire résilience a servi de lueur d'espoir dans les moments les plus sombres, nous rappelant que la lutte pour la liberté n'est pas destinée aux cœurs faibles, mais qu'elle témoigne de la force et de l'endurance de l'esprit humain. Cela est également vrai pour les Palestiniens et tous les peuples qui luttent pour se libérer de l'oppression.

Sans aucun doute, l'un des aspects les plus remarquables de la Résistance française a été ses prouesses dans la collecte de renseignements et d'informations cruciales. Au milieu de l'ombre du secret, les combattants de la Résistance sont devenus habiles à acquérir des connaissances sur les mouvements ennemis, les plans stratégiques vitaux et les caches d'armes cachées. Leurs opérations clandestines impliquaient des espions, des agents doubles et des individus courageux prêts à tout risquer pour obtenir des informations vitales. Mais leur rôle s'étendait au-delà de la collecte de renseignements ; c'est dans leur capacité à diffuser cette information que résidait leur véritable pouvoir. Leurs réseaux se sont répandus comme une traînée de poudre, partageant des renseignements avec les Alliés, sabotant les opérations allemandes et perturbant la machine de guerre nazie. Ainsi, la Résistance française nous a appris que le savoir n'est pas seulement un pouvoir, mais une arme puissante contre des régimes oppressifs capables de changer le cours de l'histoire.

Au cœur de l'histoire de la Résistance française se trouve l'affirmation puissante que la lutte pour la liberté n'appartient pas seulement à quelques élites, mais à tous les citoyens. Des hommes, des femmes et même des enfants ont joué un rôle essentiel dans cette lutte titanesque, devenant des participants actifs dans la poursuite de la liberté. Ils ont défié les forces d'occupation par des actes de sabotage, diffusé des publications clandestines pour remonter le moral et abrité les soldats alliés derrière les lignes ennemies. N'étant plus confinées par les rôles traditionnels des sexes, les femmes ont assumé avec audace des missions dangereuses, faisant preuve d'une bravoure et d'une ingéniosité incroyables. Même les enfants, trop jeunes pour comprendre toutes les implications de leurs actions, travaillaient comme messagers, livrant des messages et des fournitures sous l'œil vigilant de patrouilles allemandes méfiantes. Leur courage et leur détermination montrent que la lutte pour la liberté n'est pas limitée par le statut social ou les circonstances. C'est un rappel permanent que les actions d'individus ordinaires peuvent transformer le cours de l'histoire.

Les dilemmes éthiques planaient au sein de la Résistance française et mettaient à l'épreuve le tissu moral de ses membres. Confrontés à des choix inimaginables, tels que collaborer, trahir ses compagnons de combat sous la torture ou se sacrifier pour le bien des autres, les Résistants ont fait preuve d'un courage moral remarquable. Même sous la contrainte la plus sévère, ils ont risqué leur vie pour protéger leurs camarades. Leurs décisions quotidiennes, alors qu'ils opéraient dans des réseaux secrets, ont mis en évidence le pouvoir de la conscience individuelle et la croyance résolue dans le bien commun. Ces choix éthiques ne se limitaient pas à leur travail de résistance, mais s'étendaient à leurs interactions avec les communautés qu'ils occupaient. Les combattants de la résistance ont mis l'accent sur la compassion et l'empathie, fournissant de la nourriture, un abri et des soins à ceux qui en avaient besoin, refusant de laisser les ténèbres de l'occupation éteindre leur humanité. L'étude de leurs décisions sert de guide intemporel, nous mettant au défi de faire face aux complexités de la prise de décision morale et de sauvegarder les principes de justice, même dans les moments les plus difficiles.

En conclusion, la Résistance française reste un chapitre indélébile dans les annales de l'histoire, fournissant des leçons profondes qui résonnent avec l'esprit humain. L'unité, la résilience, la connaissance, la citoyenneté active et le courage moral sont des piliers durables de la lutte pour la liberté et de la résistance contre l'oppression. L'héritage de la Résistance française est une lueur d'espoir, nous rappelant que la puissance collective de l'esprit humain, enflammée par un désir commun de justice et de liberté, peut surmonter les adversités les plus sombres.

Post-scriptum

Dans l'ombre de l'occupation allemande et du régime collaborationniste de Vichy, un groupe d'individus courageux et déterminés a émergé en France pendant la Seconde Guerre mondiale : la Résistance française. Ce mouvement clandestin, composé d'hommes et de femmes d'origines diverses, a joué un rôle crucial dans la contestation de l'occupation nazie et la mise en place des bases de la libération de la France.

Déclenchée par la défaite rapide du pays en 1940 et la division subséquente de la France en zones occupées et en zones contrôlées par Vichy, la Résistance s'est formée en réponse à la collaboration du régime avec les Allemands. Ses membres, animés d'un profond sentiment patriotique, cherchent à s'opposer à l'occupant, à restaurer la souveraineté nationale et à protéger la population française, en particulier les groupes vulnérables tels que les Juifs et les dissidents politiques.

La Résistance se composait de divers réseaux et groupes, chacun ayant son objectif et ses méthodes d'opération spécifiques. Ces réseaux s'étendaient sur l'ensemble du territoire, des grandes villes comme Paris aux petites villes et aux zones rurales. Les Francs-Tireurs et Partisans (FTP) dirigés par les communistes et les Mouvements Unis de la Résistance (MUR) non communistes sont deux mouvements de résistance importants. Cependant, de nombreux autres groupes, réseaux et individus ont joué leur rôle, démontrant l'étendue et la diversité du mouvement de résistance.

Le sabotage, la guérilla, la collecte de renseignements et la propagande deviennent des éléments clés des activités de la Résistance. Des actes de sabotage ont ciblé des infrastructures cruciales telles que des chemins de fer, des lignes de communication et des usines, perturbant les opérations allemandes et entravant leurs efforts de guerre. Les membres de la Résistance, opérant souvent sous des noms de code, ont risqué leur vie pour obtenir et transmettre des renseignements précieux aux Alliés, contribuant ainsi à la planification stratégique et à la coordination de l'action militaire.

Les opérations de sabotage étaient très variées, allant du vandalisme mineur à la destruction à grande échelle. Dans certains cas, les membres de la Résistance ont ciblé des installations militaires, des dépôts de munitions et des armureries allemands, dans le but d'entraver la capacité de l'ennemi à faire la guerre. Ils ont perturbé les transports en faisant dérailler des trains, en détruisant des voies ferrées et en sabotant des ponts. Ils ont également ciblé les usines produisant du matériel de guerre, limitant l'accès des Allemands aux fournitures nécessaires à leurs ambitions militaires.

Les résistants se livrent à la guérilla, tendent des embuscades aux troupes allemandes et attaquent les convois de ravitaillement. Ces tactiques de délit de fuite ont infligé des pertes à l'ennemi et démoralisé ses forces. Les actions de guérilla nécessitaient souvent une coordination complexe entre des groupes de résistance disparates, ainsi qu'une planification minutieuse et de l'ingéniosité pour éviter d'être détectées et capturées.

La collecte de renseignements était un autre aspect crucial des opérations de la Résistance. Les membres ont infiltré des organisations et des institutions contrôlées par les Allemands et des réseaux de collaborateurs pour recueillir des informations sur les activités et les plans de l'ennemi. Ils risquaient d'être exposés et de mourir d'une mort certaine pour fournir aux forces alliées des informations stratégiques sur les mouvements de troupes allemandes, les fortifications et les cibles potentielles. Les opérateurs radio sans fil ont joué un rôle particulièrement vital, servant de bouée de sauvetage entre la Résistance et les Alliés. Leurs émissions contenaient des messages et des rapports codés qui permettaient une coordination et une planification à plus grande échelle.

La Résistance s'est également engagée dans une propagande subversive, diffusant des tracts, des journaux et des émissions de radio clandestines pour inspirer la population française et défier l'idéologie allemande. Ces publications dénonçaient les crimes des Nazis, démolissaient leur propagande et exhortaient les citoyens français à résister et à persister. La diffusion de journaux clandestins, tels que "Combat" et "Libération," a maintenu l'esprit de défiance parmi les Français, favorisant l'unité et renforçant leur détermination.

L'une des réalisations les plus notables de la Résistance a été son rôle essentiel dans la collecte de renseignements pour l'invasion du jour J le 6 juin 1944. La Résistance a fourni des informations précieuses sur les déploiements de troupes allemandes, les fortifications et les défenses côtières grâce à ses réseaux de renseignement. Ces informations ont grandement aidé les forces alliées à planifier et à exécuter l'invasion réussie de la Normandie, un tournant critique dans la guerre.

Les activités de la Résistance n'ont pas été sans risques et sans sacrifices. Les membres de la Résistance étaient confrontés à un danger constant, car leurs actions étaient confrontées à des représailles brutales de la part des Allemands et des collaborateurs de Vichy. Beaucoup ont été capturés, torturés et exécutés par les forces d'occupation. Les Allemands ont répondu à l'activité de résistance par des représailles généralisées, rasant souvent des villages et des villes entières, laissant une traînée de destruction et de pertes.

Malgré les risques immenses, la Résistance française a maintenu ses opérations tout au long de la guerre, augmentant en force au fil du temps. Alors que les Alliés traversaient la France, la Résistance a joué un rôle crucial en perturbant les lignes de communication allemandes, en menant des attaques contre les forces allemandes en retraite et en aidant les armées alliées qui avançaient.

De plus, la Résistance a joué un rôle central dans la dénonciation des atrocités commises par les Nazis. Les résistants ont documenté les massacres, les exécutions et les déportations, mettant en lumière l'Holocauste et attirant l'attention sur les crimes contre l'humanité commis sur le sol français. Leurs efforts ont contribué à la prise de conscience et à la condamnation de ces actes odieux par la communauté internationale, ce qui constitue un pas important vers la justice et l'obligation de rendre des comptes.

Le 25 août 1944, alors que les forces alliées entraient dans Paris, la Résistance française s'est jointe aux citoyens dans un soulèvement mémorable contre les Allemands. La ville, libérée après des années d'occupation, a célébré à la fois sa liberté et le triomphe de ses braves résistants.

Animées par leur détermination inébranlable et leur amour pour leur pays, les résistantes françaises ont laissé une marque indélébile dans l'histoire de France. Leurs actions courageuses et leurs sacrifices nous rappellent le pouvoir des individus ordinaires qui s'unissent face à la tyrannie, luttent pour la liberté et la justice et préservent la dignité humaine. La Résistance française témoigne de la force de l'esprit humain et du désir inébranlable de liberté face à l'adversité.